無葬社會

彷徨う遺体　変わる仏教

每一個人的死亡，

都代表一道社會議題。

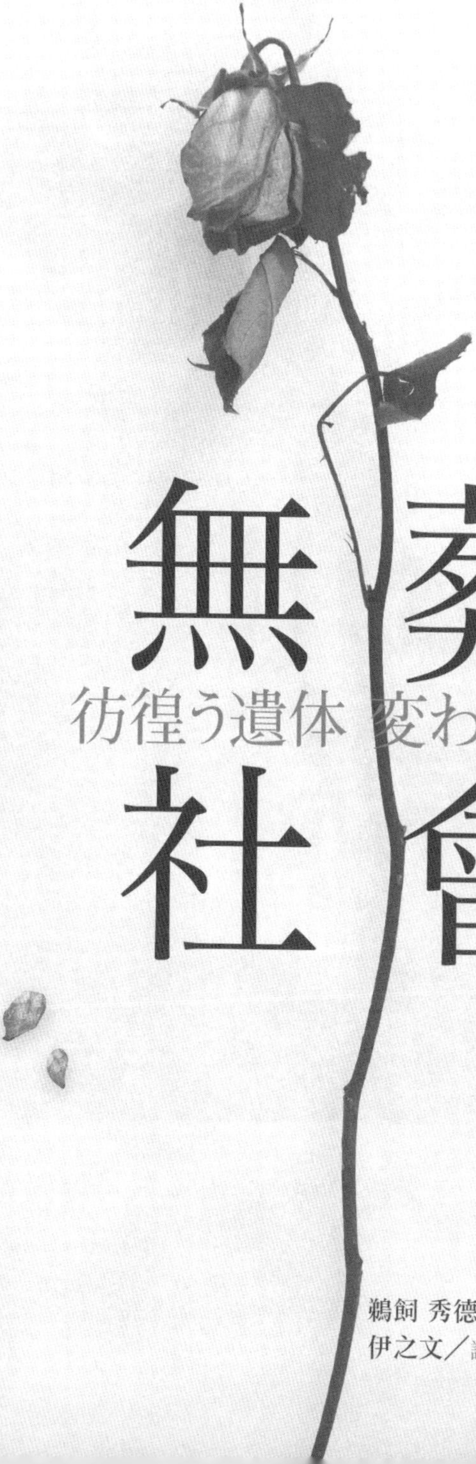

無葬社會

彷徨う遺体 変わる仏教

鵜飼 秀德 Hidenori Ukai／著
伊之文／譯

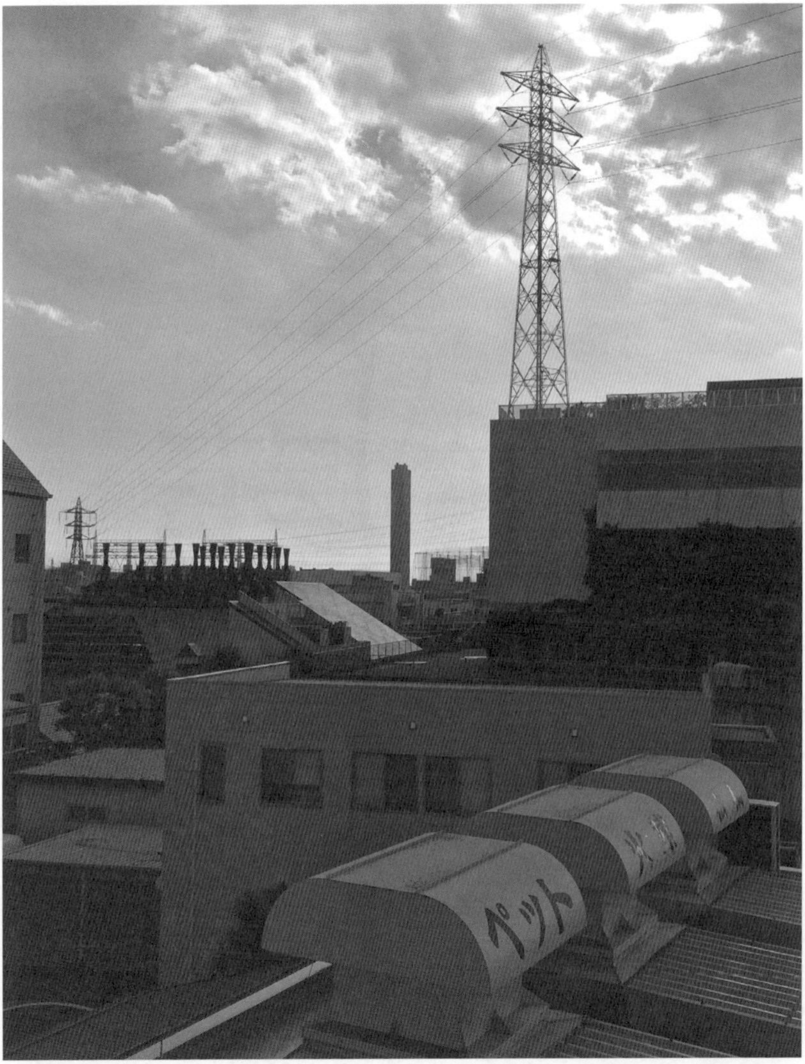

規模之大為日本首屈一指的戶田葬祭場。圖片中央靠左處可看到火葬爐的 15 根煙囪，由於可透過火葬爐加以無煙化，因此不會冒煙。靠近這一側的建築物是寵物火葬爐。（第一章〈當火葬得等上十天〉）

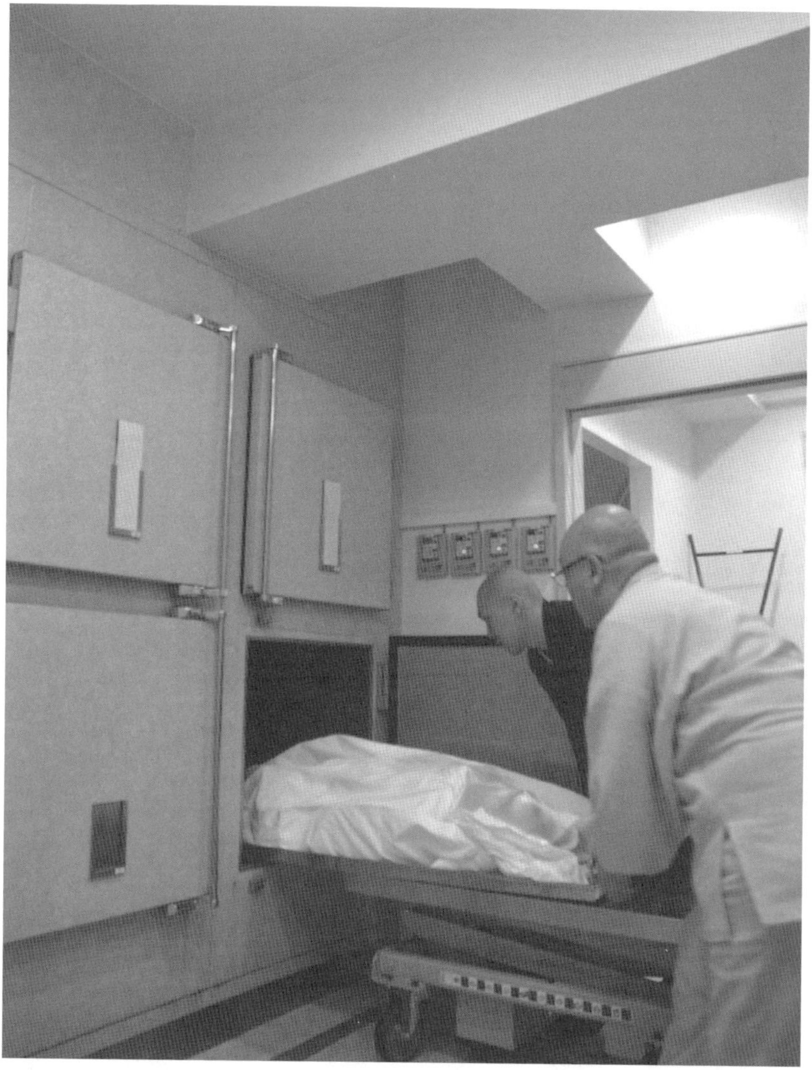

位於淨心寺葬儀會館地下的太平間。於這天早上過世的遺體抵達，並且在這裡與遺族見面。（第一章〈遺體旅館繁榮的時代〉）

東京都內開始增加的自動搬運式納骨堂。只要把 IC 卡放上去感應，裡面收納了遺骨的銘板就會出來。大樓內擠滿了無數的納骨箱。（第二章〈有著一萬具遺骨的都心大樓〉）（譯註：銘板為刻有名字的金屬板。）

位於隱岐群島中，以「散骨島」而聞名的藤蔓島（中央的小島）。對岸設有慰靈所。下圖是在島上散骨時的情況。過了一年，遺骨就會回歸土地。（第二章〈浮在日本海上的散骨島〉）

位於新潟縣的永代供養先驅，妙光寺。收納遺骨的唐櫃，包圍著宛如古墳的安穩廟。遺骨最後會移到中央的塔裡合祀。（第二章〈理想的墓在新潟〉）

一心寺的骨佛，是打碎大約 15 萬具遺骨、重新定型製成。2017 年將會製作第 14 期的新佛。雖然如今沾了煤而發黑，但最初完成時是純白的。（第二章〈集結無數的遺骨做成佛像〉）

「一匙會」的活動持續援助並供養街友。一邊走，一邊分發大顆飯糰。擔任事務局長的吉水岳彥同時也是淨土宗僧侶。（第三章〈供養街友的僧侶〉）

大須觀音境內所舉辦的豔麗金粉秀，已經成了秋季的風物詩。寺院與商店街尋求共存共榮的機制，在大須地區的寺町成功了。（第三章〈地域再生與寺院〉）（譯註：寺町為寺院的集中區。）

推薦序——當無家者面對死亡

巫馥彤／社團法人台灣芒草心慈善協會社工

原本過著平凡生活的人，失去了家庭、工作之後，與外界切斷各種緣份，無依無靠，透過《無葬社會》讓我們看到這群失去血緣與地緣的人們，逝後無法得到超渡與供養，孤獨死去的樣貌。

「生不容易，原來死也這麼費力。」

這是在做無家者服務的深刻感觸。

往生後沒有人幫你助念、做七、拜飯，告別式只能選擇低價冷門時段的聯合奠祭，來送你最後一程的人加禮儀師共三人。

沒有辦法選擇風水寶地、沒有人祭拜供奉、連骨灰罈牌位放哪都成問題

禮儀公司推銷一套五千塊的壽衣、三萬塊的棺木，連最後的「體面」和「尊嚴」都買不起。

每個人一生都難逃死亡，但即使到人生最後一步，人都不是平等的。

推薦序──穿越生死，揭幕事實

許伊妃／生命禮儀師
（二〇一八年二月二十六日）

我常常在跟人分享，孝順不是建立在死後的彌補，
看到這本書的書名時，上頭寫著「無葬」兩個字，
就不由自主地在腦子裡先猜測他在寫些什麼。

／

或許因為日本與台灣的文化大有不同，
在遺體的保存和喪葬的方式和意義會有所不同。
但我始終相信，生與死之間的連結本質絕對相同，
只是人類用什麼方式去做表達，
就像書中所提到的，容器？儀式？方法？

／

這本書可能在你翻開的同時會有所困惑，

或許你在想跟我有什麼關係？
但你靜下心來閱讀你其實會發現，
這些議題在不久的將來大家皆可能遇到。
在我看來，這本書有一定的深度，
畢竟這是一個強烈的議題，
在書裡頭打開了很多未知領域，
一些可能大家平常不太敢去評論的真實。
如果要我用簡短的一句話來形容這本書，
我想沒有什麼比「穿越生死，揭幕事實」還來的更適合了。
／
透過這樣一個細膩國家的文化和人物啟發，
我想很值得一看，
因為，從別人的視角裡你能看見存在這社會的問題，
而這個社會問題，每個人皆會遇到。
／
對了，看書前先放下自我呦：）

推薦序——如何消弭令人恐懼的孤獨死

陳思韻／生命禮儀師

隨著多死時代的到來，社會變遷造成核心家庭親情的疏離，許多喪葬變化是以前的我們從未料想到的。台灣社會面臨同樣的家庭結構變化與孤獨死的問題，透過《無葬社會》一書看見日本現在的喪葬變化，也提醒了我們台灣未來可能面臨的情況。

孤獨死，讓身為禮儀師的我深刻感觸。

現今台灣獨居老人死亡未被及時發現的案例極少，未來如同我們這樣6年級生單身者，或許也是必須承受著孤獨死的結局。死亡並不可怕，可怕的是死亡是一個過程，在過程中獨自承受心靈的不安、恐懼，面對自己身體的衰敗，看著自己漸漸死亡；這樣的情境，讓我驚恐不已……

或許我們都該好好想想，怎麼離開孤獨死的未來。

推薦序——正視死亡，與生命對話

陳原／台灣仁本／華夏仁本服務集團　創辦人

我，從事殯儀服務超過20年，從小小白事花店起家，到承包台灣各大醫院的太平間，一手建立起橫跨兩岸的知名殯儀服務事業——台灣仁本／華夏仁本服務集團。這20幾年來，也越來越能夠感受到整個時代潮流的變遷。從我最初踏入殯儀業，在社交飯局上，對方看見名片上印「葬儀社」露出異樣的眼光，到現在外界能用尊敬的態度對待禮儀從業人員，整個社會實在是花了很長的一段時間；加上業者的自我提升、強化服務的專業度及細膩度，才能有那麼大的進步。

而目前日本社會現象其實是日後台灣的縮影，不管是高齡化、少子化以及日漸稀薄的家庭關係，這些現況正在慢慢地影響你我的未來。乍讀此書，對於書名《無葬社會》感覺很聳動，拜讀之後才發現作者要呈現的不僅僅只是喪葬文化趨勢，作者關心的其實是文化與信仰的衝擊與轉變；社會大眾變得對死亡越來越漠不關心，才形成了「無葬社會」。

不管社會或時代如何變遷，死亡卻是我們從一出生就註定好的未來。每個人最終的歸宿，唯有文化及信仰做為依歸，最後的一段路才能走得尊嚴沒有遺憾。推薦此書給眾多關愛生命，懷抱熱忱的讀者們。透過本書，正視每個人心中最不願意面對的死亡，與自己的生命對話，才能從容謙卑地面對人世間各種生死交關的時刻。

作者序

二〇一五年（平成二十七年）五月，我出版了《寺院消滅：失落的「地方」與「宗教」》（暫譯，寺院消滅——失われる「地方」と「宗教」）。在進入本書內容之前，我想先稍微回顧一下前作。

《寺院消滅》是描寫全國眾多寺院窘境的報導文學。讓寺院能繼續生存下去的環境一年比一年嚴峻，尤其地方都市（編註：指東京、大阪、名古屋以外的都市）更是如此。「離檀」的情況越來越嚴重，住持高齡化的同時，也不容易找到繼承人。（譯註：離檀：此處原文為「檀家離れ」。當一個家庭以布施提供特定寺院經濟援助，並且請寺院負責處理該戶的喪事與法事，即成為該寺院的檀家。若解除這種寺檀關係，即為離檀。）

國學院大學副校長石井研士先生指出，現有約七萬七千家寺院，在二〇四〇年之前，可能會消失三十五％至四十％。同時查看各宗派每隔數年實施一次的「宗勢調查」結果，回答「沒有繼承人」的寺院高達三十至四十％。

「地域共同體解體」造成了寺院消滅的景況，當人、物和錢都流向都市，「地緣」和「血緣」開始崩壞。日本佛教一直強硬地把「家庭」和「村落」納入墓地經營的一環，從江戶時代持續至今的檀家制度成了寺院經營的基礎；一旦地緣和血緣的連結，因人口過少和高齡化而弱化，就會瓦解這樣的寺檀關係。如今，寺院正一家接一家地消失。

除了佛教界，《寺院消滅》也在各界引起很大的迴響，許多新聞媒體都報導了這個議題。相關業界（喪葬、墓石、佛壇、佛具、僧服等等）對此抱著危機感，認為「一旦寺院消失，自己也無法生存」，因此有許多業者向我諮詢或請我演講。

二〇一五年十月，我有幸在東京日比谷的Foreign Press Center舉辦以外國特派員為對象的演講。英國的《衛報》和《經濟學人》雜誌，以及美國的彭博新聞社等海外媒體，都大幅報導了日本寺院的消滅危機。「離開教會」的現象也在歐美基督教社會發生，伊斯蘭教的清真寺繼基督教會之後進入歐美社會，也是原因之一。某位外國記者有點亢奮地問我：「沒想到日本也發生了同樣的現象！日本寺院不是很有錢嗎？」

本書最根本的主題是「多死（大量死）時代到來與喪葬變化」。

在戰後因集體就業而前往大都市的團塊世代（編註：日本二次大戰後的嬰兒潮，於人口分布曲線圖上顯著突起一塊）及其父執輩，目前正慢慢迎向死期。根據厚生勞動省的《人口動態統計年間推算》，二〇一五年的死亡人數約為一三〇萬人，這個數字會在往後二十五年繼續增加，預計在二〇三〇年就會突破一六〇萬人，相當於每年都有一個鹿兒島縣（約一七〇萬人）的人口死亡。這簡直就像是一條緩緩流出的巨大冰河，正處於朝向大海崩落的最終階段。

在接納死亡的現場，已經出現各式各樣的「前兆現象」。

都市裡，火葬場的火化爐已經客滿，等待時間長達七天至十天，甚至有新興的商業服務是幫忙保管無法火葬的遺體。「等待火葬」還算好的，多死社會帶來了「悲哀的臨終」，也就是孤獨死；在地緣和血緣關係稀薄的大都市，許多老人在無人知曉的情況下孤獨死，儘管遺體在死後數天或數週會被附近居民發現，但是卻少了基於血緣或地緣關係的供養形式。二〇三〇年，這種孤獨死的預備軍將近有兩千七百萬人。

清理死亡現場的人，即是稱為特殊清掃的民間業者。本書介紹的特殊清掃業者說：「核心家庭化抵達的終點，就是孤獨死。」而「無緣的多死社會」也會讓人跨越身為人的界線，像是有人不知該如何處理父母或親人的遺骨，而把骨灰罈棄置在電車行李架上便離去；被視為失物的遺骨過了保管期間後，就會被放進某處的集合墓，也沒有人前來參拜……

第一章就是要探討這般「都市大量死」的現場。

至於第二章則是描寫接納多死社會的「供養現場（意即寺院）有著什麼樣的變化」。

就像前面那位外國記者想的，我也認為大都市圈的寺院很有錢，應該暫時不會消滅。寺院身為多死社會的收容處，採用「無宗教式永代供養」這種全新墓地型態的大型納骨堂接連出現，頗受歡迎。（譯註：關於永代供養在本書的定義，請見〈永代供養的起源＝沒有檀家的寺院〉一節。）

據說，現在東京都內共有十棟大型納骨堂，每棟可以容納數千具遺骨，透過電腦控制自動搬運遺骨，這樣的場所據估計到了二〇二〇年將會倍增。來到東京的人撤除了地方菩提寺的墓，把父母和祖先的遺骨移到自己居住的都市。（譯註：「菩提寺」為安置歷代祖先的墓，並為家族舉辦喪禮或法事的佛寺。）

某位東京都內僧侶說過：「我們東京寺院的繁榮，是建立在地方寺院的犧牲上。」這句話深深烙印在我腦海裡。

這是個寺院吞食寺院的時代。東京寺院吞食地方寺院，而地方上衰退的寺院，則是由同宗派的有力寺院吸收（兼職）。現在，日本佛教界正處於格差（編註：「格差」意指差異，可能包含背景、經濟能力等因素。）與淘汰之中。

但是，逐漸肥大化的都市寺院，真的能算是安泰嗎？

那些浸透在市場經濟中的寺院，已經離「布施」這種生存手段越來越遠。雖然穩定經營，卻面臨了遠離佛教原始理念的困境。如今市民就是用這種嚴厲目光來看待日本佛教。

在第三章和第四章則是再次提問：「面臨已經到來的多死社會，寺院和僧侶應有的樣貌為何？」

我把本書取名為《無葬社會》。「葬」這個字有著埋葬往生者並加以供養之意，但是在逐漸都市化的現代社會中，地域、親朋好友與宗教人士認真看待「死亡」並送別往生者的時代，已經是遙遠的過去了。先是一個人死去，而後死者與生者的「往來」將會消失。

無葬社會的到來對這個社會究竟有什麼樣的意義？要如何改變日本人的態度？這是否會對社會系統造成某種負面影響？我想要透過本書提出並探討這些議題。

我還想在這裡稍微介紹一下我自己。

我出生於京都市內某間淨土宗寺院，大學時期結束取得僧侶資格的修行。然而，光靠寺院的收入無法填飽肚子。我祖父身為前任住持，我父親身為現任住持，他們都有別的工作，在分不清楚是主業還是副業的狀態下，維持寺院的經營；我自己也是有別的工作，現在在出版社擔任記者。

正因為我身為一介僧侶，才能採訪「死亡現場」這麼敏感的主題；但我另一方面也將記者的職責銘記在心，提醒自己要以冷靜的眼光來談論日本佛教界。

這是我第二本描寫現代社會與寺院之間關係的著作，也是對來往於世俗與宗教世界之間的自己提問。開始意識到死亡的人、活在現在的僧侶、任職於相關業界的人，或是充滿好奇心、想一窺不為人知死亡世界的人，請務必要讀讀這本書。

目錄

第一章

徬徨的遺體與遺骨

當火葬得等上十天

在首都圈，每三組就有一組是直葬

那間火葬場位於高速公路沿線深入林道的地方。

走進玄關，兩扇對開的門自動打開了。有人帶領我從莊嚴的門廊進到被白色大理石包圍的大廳；皮革沙發上坐了一對沉默的情侶，低著頭動也不動。冰冷而沉重的空氣包圍著這一帶。

在初蟬開始鳴叫的二〇一六年（平成二十八年）七月某日，我來到位於神奈川縣橫濱市金澤區的火葬場「南部齋場」。過了下午三點，那天最後一組弔唁客結束了「最後的告別」，正在等待撿骨。

可以推測我在大廳見到的那對情侶，是近年來在首都圈逐漸增加的直葬弔唁客。「直葬」就是不舉行喪禮，只進行火葬的喪葬形式；依照慣例，直葬時只有最少數的親人會前往火葬場撿骨。

南部齋場長保科博史說：「我們不會主動過問喪禮型態或是與往生者有關的事情，

所以不能說得很肯定，但印象中，最近只有一個人或兩個人前來的弔唁客似乎增加了。」

基於生死觀改變和經濟因素，直葬的比例有逐年增加的傾向。據說現在首都圈的人，每三組就有一組會選擇直葬。保科繼續說：「以個人為單位來送別往生者的風潮似乎正在擴大，我們南部齋場最近也發生過頗具代表性的例子，就是接到一般人直接打來的電話說：『剛才我的家人過世了，請問能幫忙安排葬禮嗎？』一般都是葬儀社來預約火葬場，所以我就慎重地拒絕了：『這裡是火葬場，不會幫您準備棺材、鮮花和靈車哦！』但是電話那一頭的遺族卻非常認真。」

按照慣例，火葬通常是由葬儀業者負責仲介，因為要靠個人進行納棺或搬運遺體並不容易。難道這位遺族是想要合理而不花費用地自行結束火葬嗎？還是不知道喪葬習俗，也沒有能夠商討的對象呢？都市人對於喪葬的觀念，似乎起了很大的變化。

南部齋場是橫濱市經營的公營火葬場。橫濱市內共有五家火葬場，其中有四處是公營。於一八七五年（明治八年）開設的久保山齋場最為古老，其他則有戶塚齋場、北部齋場和南部齋場。至於民營的火葬場，則有位於東急東橫線妙蓮寺站附近的西寺尾火葬場。

一九九一年（平成三年），橫濱市正處於人口遽增的狀態，為了因應南部地區（金澤區、港南區、榮區、磯子區）增加的火葬需求，備有十座火葬爐與兩間葬祭廳的南部齋場便開始運作，算是比較新的火葬場。

夏季的營業時間從早上九點到下午兩點半，一天最多能夠火化二十具遺體；到了往生者較多的冬季則會延長一個小時，能夠火化二十六具。

每組弔唁客在火葬場停留的時間大約是一個半小時，詳細時間為誦經十五分鐘、火葬一小時、撿骨十五分鐘。南部齋場的火葬時間是一小時，可說相當於全國火葬場的平均時間。若是在地方都市，很多地方光是火化就要一個半小時以上；相較之下，導入最新型火葬爐的東京都內火葬場，據說只要四十分鐘左右就能火化完畢。

連友引日也開始運作（編註：日本的「六曜日」之一。）

一走進入火葬技師工作的鍋爐室，感受到裡面熱氣蒸騰。儘管最後一場火葬結束已是三十分鐘前的事了，但光是在鍋爐室待上一下子就開始冒汗。火化爐約有四到五公尺高，十座閃著銀色光芒的巨大火化爐一字排開，煞是壯觀；顧慮到周邊環境，這裡會再次燃燒煙，來加以無煙化再排出。

保科說：「火葬的溫度大約八百度。當火葬一開始，鍋爐室就會異常高溫。火葬技師在這種狀態下作業的話會死的，所以附有這個設備。」他指著朝向各爐伸展的大送風口。據他所說，每位火葬技師都是背後一邊吹著強烈的冷風一邊作業；爐內有延伸的噴嘴冒出烈焰，火葬技師左右移動噴嘴，仔細地進行火化。

要火葬的遺體大小不一，小孩或大人、男性或女性、胖子或瘦子都有，體格差異很大，假如遺體裝有心律調節器，甚至還有爆炸的危險；所以火葬技師會不停觀察爐內，當遺體彎曲時，就操作金屬棒把它移回固定位置……這明明是個凡事都機器化的時代，但火葬卻完全無法自動控制。

火葬的自動化與合理化遲滯不前，如今首都圈火葬場不足的問題越來越嚴重。

統一管理橫濱市火葬場的市立健康福祉局負責人揭露說：「今年一月時，火葬場非常擁擠，預約網站只能預約到七天後，除了早上較早的時段之外，全部都滿了；如果民眾無法預約到想要的時段，就會暫時找市內的其他火葬場代替。橫濱市內的火葬場之所以很擁擠，是因為火葬爐相對於人口而言數量太少。在政令指定都市中，橫濱市每十萬人所分配到的火葬爐數量幾乎是最後一名。現況就是基礎建設跟不上死亡人數。」（譯註：政令指定都市是指法定人口五十萬以上的都市。）

二〇〇三年（平成十五年），四家市營火葬場的火葬件數是兩萬二佰零六件，到了二〇一四年則是兩萬八仟九佰二十七件。近幾年的火葬需求確實竄升了。東京都足立區西光寺的住持嶋村喜久，因為從事僧職而經常參加火葬，他敏感地察覺了火葬場最近的變化。

「我長年前往火葬場，前陣子第一次遇到在火葬爐前排隊的經驗。到幾年前都幾乎不曾發生所有火葬爐都滿了的情況。但前陣子那次所有火葬爐都在運作，下一組弔唁客正在爐前做最後的告別，而我們就排在他後面等待，等了三十分鐘之久。現在火葬若要等上一個星期，已經是稀鬆平常的事了；冬天還好，但夏天要長時間等待火葬實在太嚴苛了。某個葬儀業者偷偷告訴我：『等人過世了才預約火葬場就來不及了。在人即將過世的時候，就要事前預約好可能會很多人的時段。』就和旅行社要事先預約機位是一樣的。」

瀏覽橫濱市火葬場的預約網站，的確已有多人預約，未來三天幾乎已經預約一空，四、五天後只有上午較早的時段還空著。假如只能預約到一天中最早的火葬時段，就只能在前一天先辦完喪禮，然後找地方把遺體安置一晚。據說南部齋場並未設置太平間。

火葬場擁擠的起因，並不只是大量死亡與火葬場不足的惡性循環，也有專家認為這是受到直葬增加的影響。由於直葬不舉行喪禮，所以弔唁客傾向在火葬場花時間和往生者道別。為了因應這個情況，橫濱市的火葬場開始在「友引日」進行作業；「友引」就是呼朋喚友，一般來說會傾向避免在友引日舉辦喪禮和火葬，因此喪葬相關設施多半都會休館。然而現實卻不再允許如此，因此橫濱市的火葬場開始在友引日也受理火葬，都內和名古屋市等地區的火葬場，也開始利用友引日了。

除此之外，橫濱市還採取了另一項對策，那就是限制市外居民的預約。鄰近橫濱市的自治體，也和橫濱市的火葬場一樣處於需求過多的狀態，有些人會從市外把遺體運來，這也成了拉長等待時間的因素之一；假如市外的人想要使用橫濱市的火葬場，只有在要使用的三天前有空檔的情況下才會受理。

然而，光是改變「軟體層面＝火葬場的運用法」，還是可以預見火葬場遲早會爆滿。要改善「待機遺體」的情況，就只能從「硬體層面＝增設火葬場」下手，但實際上要增設火葬場這種「麻煩設施」，是極為困難的事。興建火葬場時幾乎一定會引發居民反對，但是在人口持續增加的首都圈，已經出現不得不新建火葬場的案例。如今，埼玉縣川口市與千葉縣習志野市等地區正在興建（或是正在計畫興建）公營火葬場。

翻開火葬場的歷史

火葬場為什麼分為公營和民營兩種呢？

全日本的火葬場大部分都是公營，然而在東京二十三區的九家火葬場中，有六家由民間的東京博善公司經營。想知道箇中緣由，就得回顧火葬場的歷史。

據說，火葬是在江戶時代開始普及到庶民階級。在江戶幕府的政策「檀家制度」之下，「村落」中如果出現死者，大多會在附近寺院境內實施火葬，而這樣的寺院就稱為「火葬寺」或「火屋」，當時的喪禮、火葬和埋葬（墓）都由寺院一手包辦。

然而，一進入明治時代，政府就實施了「神佛判然（分離）」制度，也就是把神道教和佛教分開。一八七三年（明治六年），政府以火葬是佛教的喪葬方式為由，頒布了禁止火葬、從火葬切換為神道教式土葬的太政官佈告。這時，佛教寺院正面臨廢佛毀釋的慘況，佛寺建築物遭到破壞、寺院領土遭到掠奪。廢佛毀釋使寺院失去了火葬功能，於是轉而開始經營墓地。（譯註：「廢佛毀釋」意指廢除佛法、放棄釋迦的教誨，是神佛分離政策引起的佛教排斥運動。）

由於明治政府的土葬政策，都內建立了完備的公共靈園，也就是現今位於都內高級用地的大規模都營靈園。在禁止火葬的太政官佈告之下，為了讓土葬墓更加完備，港區的都立青山靈園作為「神葬墓地」興建而成；雜司谷和谷中等地的靈園也是因此建成。

現在只要走在青山靈園裡，就能看到明治初期建造的土葬墓。然而，土葬墓需要廣大用地和高額費用，從預防傳染病的觀點來看是敬而遠之，因此火葬禁止令兩年後就解除了。

一八八七年（明治二十年），實業家木村莊平於日暮里創立負責承包火葬的民間公司「東京博善」，在戰前接連收購了位於都內的火葬場。如今，東京博善已經成長為經營都內六家火葬場的企業。

一九一八年（大正七年），全日本的火葬場數量達到最高峰，共有三萬七千五百二十二所。藉著改良以重油為燃料的設施和運用方式，火葬率飛躍地向上成長；到了一九三五年（昭和十年），全日本的火葬率超過五成。如今，除了基於伊斯蘭教等宗教教義而實施土葬，以及部分聚落還留有土葬風俗之外，全日本的火葬率為九十九點九九%，是世界第一的火葬大國。

東京博善於一九九二年（平成四年）加入出版社廣濟堂旗下。根據一九六八年（昭和四十三年）舊厚生省的通告，現在只有自治體和宗教法人可以新建火葬場。然而，東京博善自戰前就持續從火葬場獲利，才得以守住都內火葬場這個根據地。在東京二十三區只有兩家公營火葬場（臨海齋場與瑞江葬儀所），除了東京博善以外，另一家民營火葬場是位於板橋區荒川沿岸的戶田葬祭場。

從事火葬研究，並為火葬設施提供建議的一般社團法人火葬研副會長武田至，如此揭露：「與公營相比，民營的火葬速度較快。儘管如此，民營火葬場卻也面臨其他困境。」面臨即將到來的多死社會，東京博善如今正在進行火葬場的更新工程。目前，葛飾區的四木齋場正在休館並進行全面改建，於二〇一六年十二月再度開館。

武田說：「預測今後的火葬需求會更多，這對東京博善或戶田葬祭場來說似乎是一大商機，但事情未必如此。在近來葬禮簡化、家族葬與直葬增加的潮流中，拜訪火葬場的弔唁客正在減少；同時因為正值火葬的尖峰時代，必須盡可能縮短火葬時間，也就縮短了等待撿骨的時間，如此都導致火葬場收入來源的餐廳與商店營業額無法成長。由於葬禮簡化和多死社會來臨，每組弔唁客的利潤單價便逐漸減少。」（譯註：家族葬：只限少數家屬出席的簡略喪禮。）

因此，民營火葬場便使設施更加高級化，試著提高每組弔唁客的利潤單價。

開始嘗試附加價值服務的民營火葬場

東京都板橋區戶田葬祭場的火葬數量之多，為日本之冠；在拜訪橫濱市南部齋場的一個月後，我來到戶田葬祭場採訪。

戶田葬祭場共有十五座火葬爐，一整年火葬的遺體數量多達一萬四千具，是日本首屈一指的大型火葬場。這裡和南部齋場不同，以平靜的和風氛圍為一大特色，打開玄關大門便有一座巨大觀音像迎接我。

弔唁客從這裡前往中庭，行經一旁有美麗枯山水的日本庭園迴廊後，就被帶到火葬棟去。火葬棟內部的氣氛突然一變，以嚴肅氛圍為主軸，另一頭可以看到火葬爐的門；天花板上吊著吊燈，如同音樂廳般的莊嚴氣氛。

「這裡是戶田葬祭場最高等級的火葬爐，稱為特別殯儀館。特別殯儀館一天只受理三具遺體，弔唁客不會遇到其他人；會請想要靜靜花時間道別的弔唁客使用這裡。」戶田葬祭場的負責人說明著。撿骨室也很寬闊。剛才火葬後殘留的純白色骨灰還留在撿骨台上。公營火葬場看不到這種高規格的款待，而戶田葬祭場總共設有三種等級的火葬爐。

特別殯儀館的使用費是十七萬七千日圓，低一等級的特別室（共五座）是十萬七千五百日圓，一般火葬爐（共八座）則是五萬九千日圓；南部齋場是以市立的公定價格一萬兩千日圓替人火葬。由此可見，公營和民營的價格落差很大。

戶田葬祭場的負責人說道：「火葬的成本包括燃料費、維修費、電費和人事費用，花在每具遺體的成本高達六到七萬日圓；要是像公營一樣採取公定價格，怎麼算都是赤字。民營火葬場為了賺取利潤，就必須花心思提高附加價值，像是將火葬爐設為不同等級等等。」的確，以橫濱市來說，市外者的使用費也是一口氣漲到五萬日圓。公營火葬場畢竟是居民服務的一環，因為有稅金投入所以比較便宜。

然而，戶田葬祭場的角色是民間的商業服務，必須以各式各樣的附加服務來確保收益，包括出租喪禮會場、收費太平間、收費等待室、散骨用的碎骨服務、自宅供養與餐飲店等等；連寵物葬也漸漸成為戶田葬祭場新的收益來源。（譯註：散骨是指將骨灰撒在海中或山中等處的葬法。）

寵物葬是近年來，在全日本的火葬場一項需求逐漸增加的附加服務。以前寵物死亡時，頂多是將屍體交給自治體，在鄉下則是埋在院子裡或深山中。

而如今寵物就像是家人一樣，這十年來陸續出現寵物葬的專門業者；寵物葬業者大多使用載了火葬爐的小型卡車來回收寵物遺體，在卡車行駛的同時火葬。但其中也有不肖業者不火葬回收的寵物遺體，而是丟棄在山裡；也因此人類的火葬場會讓委託人產生「將慎重火葬寵物」的安心感。

戶田葬祭場附設的寵物火葬場，含預備爐在內共有三座火葬爐，豪華程度一點也不輸人類的火葬爐。明亮而寬闊的室內設有台座，在這裡做完「最後的告別」之後，寵物的遺體就會跟台座一起隨著電梯到達地下；遺體會轉進後台火葬。寵物火葬爐的機制幾乎和人類一樣，火葬後的遺骨會再回到台座上來。

寵物火葬負責人說：「前來火葬的寵物不只是貓或狗而已，也很常有小鳥或倉鼠。只要調整火力，像這種小動物也能燒成骨頭可以撿骨。不過前陣子有一位年輕女性帶著她養的獨角仙來，那就沒辦法燒成骨頭的……」雖然這聽起來像在開玩笑，但筆者在關西採訪某間寵物專用靈園時，也曾聽聞過昆蟲火葬一事；我在那裡聽到的案例是，返鄉的孫子要求祖父母帶他來火葬獨角仙。孫子平常住在大都市，只有暑假才會返鄉，當養在祖父母家的獨角仙死掉時，孫子說：「爺爺，既然獨角仙死掉了，那就替牠辦個像人類一樣的葬禮吧！」對祖父母而言，只想盡可能滿足一年只回來一次的孫子要求，便因為疼愛孫子而聯絡了火葬場。

也可以從寵物葬看出日本的都市化與核心家庭化。無論如何，實情是寵物葬產業正在擴大，與人類的喪葬型態逐漸縮小呈反比。

就連要消除肉體也很困難的時代

前面有點偏離話題，現在話題回到人類的火葬場來。民營與公營火葬場營運方式不同，也各自面臨不同的困境。

公營殯儀館費用便宜，但也因為營運資金來自稅金，難以改良設備，自然比民營的差。一座火化爐就是要價一億多日幣的超昂貴商品；很難在明明沒有故障的情況下，保留預算購置最新的火化爐。

因此橫濱市勤於修繕爐內的磚塊，以求延長火化爐的壽命；然而只要使用頻率一高，火化爐的負荷也會加重，耐用年數因而變短。有些人認為只要加強火力，就能更快將遺骨燒成灰，但這樣會讓遺骨受損；為了讓遺族能夠用筷子撿骨，如何「燒得美麗」是需要專業技術的。

所以公營火葬場既無法添購火化爐，又不能提高火葬周轉率，是目前面臨的困境。

為了解決困境，一個嶄新的構想便是長年受到討論的「船上火葬」。船上火葬就是在備有火化爐的船上火葬，大正時代就已經有火葬船葬禮有限公司獲得警視廳認可。然而最大的障礙在於沿岸漁夫與港灣相關人士的反對，因此直到現在還沒有實現。仍為了檢討船上火葬的可能性而開了座談會，但是尚未有具體實施的案例。

為了避開擁擠的首都圈火葬場，也有地方自治體呼籲將遺體運回故鄉火葬。石川縣小松市與加賀市的小松加賀環境衛生事務組織成為領頭羊，從二〇一五年（平成二十七年）夏天開始進行「故鄉火葬」。地方上的火葬場「小松加賀漣殯儀館」，就是利用距離小松機場數分鐘車程的地利之便，主要經由羽田機場從空中運送棺木。

經由空路從首都圈運來遺體要花十五萬日圓，但這樣做的好處是不必讓往生者一直在太平間等待，可以解除遺族的心理負擔。不過，長距離移動很麻煩也是個問題，所以實際上是幾乎無人使用。

二〇一六年三月，於小松市出生但在首都圈過世的男子，成了利用「故鄉火葬」的首例，但據說是因為往生者希望在故鄉舉行葬禮。來到大都市的人多半對死後沒什麼執著，希望肉體和靈魂能夠乾脆地消失；但是到了這個時代，就連要消除肉體也變得沒那麼簡單了。

遺體旅館繁榮的時代

宛如商業旅館

「絕對反對遺體保管所！」

一幅寫著不尋常文字的旗幟，包圍著一棟建築物。

這裡是工業區密佈的神奈川縣川崎市中原區。林立著建好待售的住宅，還可見到帶著孩子的女性身影。流經東京都境的多摩川就在眼前，看得見對岸二子玉川邊的大型購物商場。

這處被旗幟圍繞、稱為「遺體旅館」的設施，與街上的安穩氣氛成為對比。簡單來說，「遺體旅館」就是人死後在舉行喪禮或火葬前，暫時安放遺體的民間設施。無論是因故無法保管在自宅的遺體，或是基於火葬場不足而產生的「待機遺體」接連運來；遺族是出於求助的心情才利用遺體旅館。

這棟三層樓的建築，其外觀特徵是藏青色與銀色兩種顏色，而且看不到招牌之類的東西，乍看就像一間倉庫，應是為了顧慮居民的感受。

居民的反對運動據說就此平息了。

在這項建設計畫提出之後，地方上的公民館舉辦了多場說明會。電視的資訊節目也報導了說明會的情況，電視上播送著居民嚴厲抨擊經營者的畫面。

「利用死亡這種嚴肅的事來賺錢，簡直不像話！」

「附近有這種設施就令人不舒服！」

完工之前總共開了五場居民說明會。每場都有一百多位居民參加，但是場面很混亂。主辦單位的出席者，就只有經營遺體旅館「Sou Sou」的 Art 企劃公司代表竹岸久雄（四十一歲）一個人。會場上怒吼聲滿天飛，竹岸的情緒也很激動。

「這在法律上沒有任何問題。請大家仔細想想！每個人都會死，大家有一天或許也會需要用到這種設施。」電視報導這件事時，不同節目的主持人和評論家的看法都不一樣，但最後大多是做出「這是個難題」的結論。

竣工後，主辦單位曾經請居民前來參觀。

「比想像中還漂亮耶！」來參觀的居民如此低喃。

竹岸特別顧慮到居民的觀感，所以從旅館外面看不見遺體搬入的情況。二〇一四年（平成二十六年）十月，遺體旅館終於開始營業，名字就取為「Sou Sou」，語源來自日文的「葬送」，也與送別往生者的場所「葬莊」同音。

「無論是誰都可以使用這裡。雖然曾一度因為居民反對而不知道事態會如何發展，但是托你的福，使用件數直線上升。」竹岸向我介紹遺體旅館內部。從入口走進後，正面的劃位櫃台坐有接待員，旁邊有自動門，另一頭就是遺體安置室；安置室從英文字母A開始標號，總共十一間，大廳放了沙發和擺飾。如果不知道這裡是遺體保管所的話，這氣氛還真會讓人產生是一般飯店的錯覺。

不過只要打開各個安置室的門，裡面便是與一般飯店明顯不同的空間。

遺體安置室大約有十張榻榻米大，空蕩蕩的，只有幾張給遺族坐的椅子和小桌子，但只要放了棺木就沒有可以伸展的空間了。如此靠近地看棺木，就覺得它比想像中還要大。由於《旅館業法》尚未許可遺體旅館作為飯店，所以並沒有讓遺族住宿所需的床舖和衛浴設備。不過二樓倒是有休息室可以讓遺族喘口氣。

我們經常在電影裡看到的遺體安置所，是把遺體放在不鏽鋼床上，收納在牆壁內的冷藏式設備中；「Sou Sou」的遺體安置室並沒有這種冷藏功能，所以葬儀社的工作人員一天會來好幾次，為遺體補充乾冰。

安置費用是一天（二十四小時）九千日圓，我拜訪的這一天，十一間安置室裡，有九間正在使用。走在寂靜的走廊上，有一陣像是遺族的說話聲從某間安置室傳了出來。

竹岸說：「我們不會主動問客人使用目的或往生者的特徵，但有時可以從遺族之間的氣氛，或葬儀社人員那裡間接得知狀況。今天似乎有自殺者入住，前陣子則是有孕婦在預產期時和腹中胎兒一起過世；面對這種難以預期的死亡，遺族很難馬上接受事實，所以有不少人是為了整理心情才來這間旅館。」

當初他們無聲無息地開業，在騷動逐漸結束的最近，每個月大約有兩百具遺體送進來；二〇一五年（平成二十七年）的運作率是七十三%，假如換成一般飯店，可說生意相當興隆。竹岸預測今後使用遺體旅館的人會越來越多，這個圍繞著死亡的日本社會，正要迎接重大階段。

已無法將遺體送回自宅

在討論現今的日本社會時，「高齡化社會」一詞已經成為常見詞彙；再過一段時間，常見詞一定會升級為「多死社會」。

看看數據會更真實感受多死社會即將到來。二〇〇五年（平成十七年），死亡人數首度超過出生人數，二〇〇七年（平成十九年）以後，就一直是死亡人數多於出生人數。

根據厚生勞動省的《人口動態統計年間推算》，二〇一五年的死亡人數是一百三十萬兩千人（估計值），這個數字在今後二十五年間將會直線上升。

據推測，當一九四七年（昭和二十二年）到一九四九年（昭和二十四年）之間出生的團塊世代超過九十歲時，死亡人數將達到最高峰，也就是二〇四〇年時將有一六六萬人死亡，比現在多了三十萬人以上。這個數字相當於鹿兒島縣的人口（一百七十萬人）。

多死社會的不良影響已經顯現在各個地方，火葬場不足就是其中之一。而火葬場和遺體旅館一樣都是麻煩設施，並不容易新建。

在無法期待增設火葬場的情況下，死亡人數正慢慢增加。如同先前所述，在死者增加的夏季和年末，甚至有火葬要等上一週至十天的案例；既然首都圈的火葬能力追不上死亡人數，就必須有地方能夠讓遺體待命。

仔細想想，過去從人死後到火葬之前的遺體安置場所，應該是「自家」。儘管自宅葬減少，在葬儀廳舉行喪禮的情況正在增加，但遺族還是會讓往生者暫且回到過去生活的自家，至少誦經和納棺都會在自家執行。

然而在大都市中，要把「死亡」迎進居住空間越來越困難了。

原因之一是住在公寓的世帶增加了，尤其是大都市的高層公寓，很多都基於管理規定而無法搬入遺體；就算遺族想讓往生者從醫院回到自家，也會顧忌在容易引人側目的白天運送遺體。（譯註：「世帶」是指一群共同生活的人，有點類似「家庭」的概念；所以一個世帶可以只有一人，也可以包含無血緣關係者。）

此外，都市圈不舉行喪禮、直接火葬的「直葬」急遽增加，這樣的「喪禮簡化」也大幅增加了待機遺體。

「鎌倉新書」是專門提供葬儀與佛事相關資訊的公司，他們在二〇一四年根據全國葬儀社做的調查報告顯示，直葬佔了關東圈所有葬禮的二十二%。

由於墓地埋葬法禁止在死後二十四小時以內火葬，因此直葬時很少直接把遺體從醫院移到火葬場，這段時間就必須把遺體保管在某處。

無論是無法將遺體運回公寓，或者是想在直葬之前暫時保管遺體，都可以利用火葬場的遺體保管庫。但是火葬場的保管庫有既定的面會時間，自由度並不高，更重要的是有著不人性化的印象；要把往生者安置在那裡好幾天，對遺族來說心理負擔很大。

將來會有越來越多遺族需要安置這些無處可去的遺體，竹岸看出其中的商機。然而，遺體安置事業在世人眼中肯定是一種罪惡，動輒就被人用有色眼光看待，竹岸與「死亡世界」的接點在哪裡呢？

作爲徬徨遺體的收容處

竹岸的用字遣詞很恭敬，給人有禮的印象；這也難怪，因為竹岸過去曾是東京喜來登都飯店的服務人員，負責搬運行李與宴會場地。該飯店其實舉辦過許多告別式與追思會，竹岸很關注這些提供給往生者的服務。他在二〇〇三年（平成十五年）自立門戶，開始從事專為一般葬儀社服務的B2B事業，為葬儀社提供人才派遣與代辦喪禮等服務。據說像這種填補葬儀業界空白的業務，在業界並不少見。

只要沒有死人，葬儀業就是處於開店但休業的狀態。許多葬儀社為了省下多餘的人事費用，平常只僱用最低限度的工作人員，一旦有喪禮委託案件，就透過派遣公司安排工作人員到現場。竹岸先從事喪禮工作人員的派遣與代辦，後來看出多死社會即將到來，遺體旅館的構想便隨之擴大。

當時，經營葬祭場與納骨堂的NICHIRYOKU公司已經開始在橫濱經營日本第一家遺體旅館「LASTEL」。除了「LASTEL」和「Sou Sou」，東京都內和大阪也有同樣的設施，但大多都是遺體旅館加上葬儀廳，如果要在那裡安置遺體，條件就是得在該處舉行喪禮，但竹岸的遺體旅館目標是「無論誰都能來自由地暫時保管遺體」。

選擇川崎市也是有原因的。川崎市是人口將近一百五十萬人的政令指定都市，卻只有兩家火葬場。相較於人口規模相同的愛媛縣擁有三十八家火葬場，可以看出川崎市的火葬場有多麼少，待機遺體自然也就變多。同時由於隔著多摩川就是東京都，所以也可望有客人從都內前來利用。

現在有各行業相繼向竹岸表示想要加入遺體旅館業，希望竹岸當他們的顧問。據說，今後可以期待倉儲公司、客運公司和廣告代理商等不同業界加入。

無論如何，看準了多死社會的遺體旅館都會逐漸增加吧！它們將成為徬徨遺體的收容處，發揮其功能。

「其實，有三組曾經參與反對運動的人也來利用我們的服務，他們當然都退出反對運動了。」竹岸輕聲說。

都市化讓特別忌諱「死亡」的風潮蔓延。許多人都理解必須在某處興建收容「死亡」的場所，但如果可以，還是想要過著不必直視死亡的生活——這種矛盾正席捲社會。

打開「Sou Sou」的網頁，上面寫著這樣的文字：「『草草』這個用來替書信作結的詞彙，本來含有對『簡略』一事表示抱歉之意。如今隨著社會現況改變，直葬和家族葬這種『簡略』化的葬儀型態正在增加。（中略）儘管是『簡略』的喪禮，還是希望盡可能滿足往生者的意願，由Sou Sou提供一個簡約、自由而溫暖的空間，讓遺族能和往生者做個不會後悔的告別。」（譯註：日文中的「草草」與「Sou Sou」同音。根據「Sou Sou」的網頁，「草草」也是其命名的涵義之一。）

寺院開始提供太平間

不只民間企業開始經營遺體安置所，東京都內也出現了自行設置太平間的寺院。

東京都文京區本鄉地區是知名的寺町，因為江戶時代發生明曆大火災時，有許多寺院搬遷到這裡來，目前寺院數量超過五十家。走在附近就看到一間有著引人注目巨大布袋和尚佛像的寺院，在這淨土宗淨心寺境內，備有一棟地上三層樓的葬祭會館「櫻花館」。

一走進櫻花館地下室，就聽到女性的啜泣聲。

在八張榻榻米大的房間中央，橫躺著一具蓋著白布的遺體，四名遺族圍繞著遺體進行告別。

這具遺體是當天早上在千葉縣的老人設施過世的九旬婦人，藉由臥鋪車運到淨心寺的太平間。遺族於婦人臨終時不在身邊，但雙方終於在這裡見了面，據說他們就住在離這裡不遠的文京區內。以前人死後要按照慣例送回自家，但這名往生者由於某些原因無法運回自家，直到火葬前都安置在櫻花館的太平間。看樣子遺族似乎還沒有整理好心情。

淨心寺的太平間與「Sou Sou」是不同類型。

走進寫著「安穩房」的太平間入口，便可看到寺方用擔架把遺體收納在淡櫻花色的牆壁裡；有些遺體已經放進棺木中，也有些遺體是像這位婦人一樣直接收納進去，透過電腦將裝置內部溫度維持在攝氏三度。淨心寺二十四小時都受理遺體搬入。

淨心寺的可收容數量為八具，當筆者前去拜訪時，已經有了五具。已收納遺體的設備門上掛著吊牌，只要看吊牌就知道最早收容的是四天前運來的遺體，據說一具遺體保管一週左右是常有的事。此外，這一帶不但是擁有東京大學等機構的文教地區，同時也住了許多商業精英，因此有不少案例是往生者過世時遺族正派駐海外，只好讓遺體在此等待其回國。另外，由於本地是演藝界與經濟界重鎮，所以當無法立刻公開死訊時，也會將往生者暫時安置在此。

有時也會運來身分不明的孤獨死遺體，聽說發生過收容了半個多月才找到親屬的例子。這些送到太平間的遺體，背後似乎有著專屬都市的緣由。

淨心寺住持佐藤雅彥（五十八歲）說：「運到這裡來的，大多是文京區的居民。文京區沒有火葬場，唯一的太平間就只有這棟櫻花館。最近在自家舉辦守靈的情況越來越少，而且火葬場也離區內很遠。人死後竟然無法再度踏上生前度過的故鄉土地……之所以設置太平間，也是希望寺院可以成為人死後暫時安棲的場所。『在當地送走當地人』這種理所當然的事，在大都市已經漸漸辦不到了。」

然而，社會卻冷漠看待佐藤的理念。雖然不像遺體旅館「Sou Sou」的案例那麼嚴重，但興建櫻花館時也引起了居民的反對聲浪。

「有靈車出入真是不吉利！」

「要是從窗戶望出去會看到遺體，那不就不能找朋友來家裡了嗎？」

最極端的甚至還出現了「不想看到寺院墓地」的意見。

既然是寺院，有靈車或遺體出入是很理所當然的事情。以前如果檀家過世，寺院就會接收遺體，並且在正殿舉行守靈和喪禮。但是自從一九九〇年代開始出現民間的葬儀社之後，寺院葬就沒落了，會把遺體運到寺院的人越來越少。就連形成寺町的本鄉地區，都相當忌諱「把遺體運進寺院」。

「最好不要看見別人的死亡，就是都市人的感覺吧！」

儘管如此，還是發生過令人感覺到太平間存在意義的事情。那是二〇一五年的春天。一名老翁在設施中過世，他的遺體直到喪事準備好之前，都暫時保管在櫻花館的太平間。大約三天後，他的妻子彷彿追隨他似的也過世了。這對夫妻最後在這裡的太平間再會，並透過同時舉行兩人喪禮來「重新出發」。

假如沒有地方安置遺體，而遺族又選擇直葬的話，那名老翁很可能會立刻火葬。據佐藤表示，他特別安排讓這對夫妻的遺體在太平間裡比鄰。有一次佐藤出席一名自殺青年的直葬，他問遺族：「是否有菩提寺？」對方回答：「自殺很丟臉，不敢告訴菩提寺的住持。」因此才委託不認識的佐藤來誦經。佐藤生氣地說：「我擔心遺族事後對往生者的供養也會很草率。」

「檀家與菩提寺之間的交往，是不是變得徒具形式了呢？雖然到處都能聽到『喪禮佛教』這種批評，但是我覺得很多僧侶就連喪禮和遺族的照顧都做得不夠充分。」（譯註：「喪禮佛教」是揶揄佛教只有在喪禮時才會發揮功能的說法。）

不只僧侶沒有充分做好死後照護，像是最近經常有檀家這樣訴說：「人還活著時，醫生和護理師奉獻似的加以照顧。但是從過世的那一瞬間開始，就被他們當作沒有生命的物體，急忙從醫院後方運出去。」

即使醫護人員在病患住院時精心照護，也可能因為對遺體態度不佳，而讓先前精心照護得到的評價暴跌。反過來說，不只在人死前，如果有更多人能在人死後也思念並親近往生者，也許在即將到來的多死社會中也能見到光明。

增加的大體捐贈與被丟棄的遺骨

大體捐贈比例將近百分之百

「現在馬上把我的身體用來解剖！」一名男性坐計程車到都內的醫科大學，主張「希望捐出自己的遺體」，卻遭到拒絕。

「大體捐贈」就是在死後捐出自己的遺體，作為大學醫學系解剖實習之用。負責應對的醫師勸那名男性說：「可是你還活著啊？」但他卻不讓步，還說既然如此就要當場自殺。傷透腦筋的醫師花時間說服他，這名男性才終於死心回家。

距今三十二年前，也就是一九八四年（昭和五十九年），當時全國大學執行的解剖數量是三千二百九十三具，其中為了公益捐出的大體只有一千五百二十八具，連一半都不到，其他大多是警方提供的身分不明屍體。

這幾年基於往生者遺願而捐獻大體數量，有了飛躍性的成長。相較於二〇一二年（平成二十四年）的解剖數目為三千七百二十八具，大體捐贈數目數則有三千六百三十九具，佔了九十七點六％。幾乎所有的解剖實習都是由大體捐贈供給。

現在大學幾乎沒有任何積極呼籲捐贈大體的公關和宣傳活動。開頭那個案例，可說象徵著現今的「大體捐贈熱潮」。支撐基礎醫學的大體捐贈領域，究竟發生了什麼事情呢？

我們先來回顧一下解剖學的歷史。

據說，日本最早以醫學為目的的解剖，是在一七五四年（寶曆四年）由京都醫學家山脇東洋實施的「腑分」（意指在幕府許可之下解剖死刑犯遺體）。在這之後，江戶醫師杉田玄白與前野良澤等人也參與了腑分，後來翻譯了西洋醫學書籍《解體新書》。

到了明治時期以後，才出現公益捐贈的大體，據說罹患梅毒的遊女——井上美幾女應醫師要求，在死後提供自己的遺體就是起源。之後日本政府於一九八四年（昭和五十九年）實施了大體捐贈法，開始有了文化人捐贈大體的案例，以及用大體捐贈為題材的小說；大體捐贈於是廣為大眾所知，並且因做為社會貢獻的形式之一而奠定了地位。（譯註：「遊女」為妓女的古稱。）

這樣的意識變化，是大體捐贈件數慢慢攀升的原因之一。

其實社會結構變化也是大體捐贈數量增加的主要因素。簡單來說，就是核心家庭化使得獨居老人增加，這些族群出於孤獨感和對死後的不安，而申請大體捐贈。

假如捐出大體，就會施以防腐處理並且在大學裡保管一定期間。大體在解剖實習後，會以遺骨的形式還給遺族；如果沒有遺族願意收下，那麼遺骨就會收藏在大學內的供養塔，大學將定期舉辦慰靈祭，這代表人可以透過大體捐贈來獲得「預見死後的安心感」。

此外，自從東日本大地震之後，越來越多人開始關心自己的死亡，一部分選擇大體捐贈的人也開始出現。其中有很多人的捐贈理由是：「不知道什麼時候會死，但大體捐贈能讓我們自己決定喪葬的方式。選擇捐出遺體，就能夠正面積極地活著。」反過來說，這是否代表這個時代讓人越來越難生存了？大體捐贈是一種崇高的行為，但假如是現代社會的弊害造成大體捐贈數量增加，那就是一件悲哀的事了。順便一提，據說在自願捐贈大體的人當中，有不少是因為另一半自願捐贈大體，所以自己也跟進。

捐贈了好幾年才被解剖的案例

在增加年輕醫師教育機會的這層意義上，大體捐贈增加有助於提昇醫療品質。然而還是有難題。

杏林大學教授松村讓兒（人體解剖學）指出：「位於人口過少地區的新設醫科大學與牙科大學，事實上很難得到大體捐贈。」據他所說，自願捐贈大體者，傾向於指定捐給知名度高的都市大學，或者是自己平常看病的附屬醫院大學。由於搬運遺體的限制，捐贈大體時也僅限於離自家較近的大學。基於上述原因，大體捐贈傾向集中在都市大學。大體捐贈這個領域，竟然也受到城鄉差距的影響。

另一方面，接受捐贈的大學也有著迫切問題，包括解剖醫師不足、精心協助捐獻者本人或遺族的工作人員不足，以及保存遺體的空間有限。有些案例是從大體捐贈登記者死後到實際進行解剖實習，已經過了兩、三年，結果便是延後將遺骨還給遺族。因此有許多人相繼提出要求：「（在配偶的遺骨歸還之前）自己會先過世，所以希望能夠早點解剖。」

有意願捐贈大體者正在增加，但實際情況卻是運用層面配合不上。

除此之外還有個麻煩。開頭那個「強迫接受大體捐贈」的案例或許還可以一笑置之，但是最近越來越多人的捐贈理由是：「假如大學會因為捐贈大體而幫忙舉行喪禮和埋葬，就可以省下喪葬費用了。」

如前所述，當捐贈者沒有親屬時，遺骨會收藏在大學，並且舉行慰靈祭。然而松村卻展露出這樣的危機感：「那種申請案例是本末倒置，所以我們基本上會拒絕，這種動機很可能會讓純粹想貢獻醫學而登記大體捐贈的人不愉快。無條件與無報酬原本就是大體捐贈的基本概念，要是為了節省喪葬費用而捐贈大體，會崩壞制度的。」

雖然我也能理解接受生活保護的高齡者，不得不自願捐出大體的心境，但是就如同松村所言，大體捐贈是基於「對醫療做出貢獻」這種極為純粹的動機才能成立。說到底，獨居老人問題和高齡者的經濟困境，是國家和自治體必須處理的。（譯註：「生活保護」

是日本的社會福利制度，由政府在生活、教育、醫療或喪葬等方面提供補助，為生活困頓者維持最低限度的生活品質。）

此外，解剖也不是大體數量越多就越好；要是追求數量，就會和金錢扯上關係，也會有掮客介入。據說國外就曾發生仲介人進入大體捐贈領域，將大體挪用在汽車撞擊實驗與器官買賣的案例。大體捐贈或許是一面反映社會實情的鏡子，正因為日本人擁有敬重死者的美學意識，所以更希望大體捐贈制度也能堅持住最原始的理念。

被丟棄的遺骨

二〇一五年（平成二十七年）四月二十三日中午過後，在東京都練馬區一家超市的公廁發現人的頭蓋骨，燒過之後被丟進坐式馬桶。當天該超市有營業，有許多顧客頻繁使用公廁，因此警視廳認為犯人丟下遺骨逃走後不久就被發現了，目前正以遺棄屍體的罪嫌進行調查。其實在這起事件發生的二十天前左右，長野縣松本市某商業設施的廁所內也發生相同事件，當地報紙也有報導。

這會是同一個人為了引起社會注意，而把遺骨沖進超市馬桶裡的殺人案嗎？不，這大概不是殺人事件，兩起事件之間大概沒有關聯；最近這種遺骨遺棄事件頻繁發生，事情恐怕是這樣的……

某人過世，也辦了火葬。一般來說，重要的遺骨本該善加供養並埋在墓地，但遺族卻不願意購買墓地和布施寺院，連把骨灰罈放在手邊也覺得不舒服，所以想要儘快把遺骨「處理掉」……

把遺骨沖進超市馬桶裡是極為惡質的行為。不過，最常有人遺棄遺骨的地方竟是電車上；有人會把骨灰罈放在行李架上，裝成忘記帶走似的直接離開。

親屬之所以特地把遺骨遺棄在大眾看得見的地方，或許是基於「應該會有人撿走，拿去某處寺院當作無緣佛供養」的自私想法。據說近幾年送到警察手中的失物裡，經常有骨灰罈。（譯註：「無緣佛」意指無人供養的往生者。）

神戶新聞於二〇一五年八月二十九日發行的早報中刊登了一則報導，指稱自從二〇一〇年以來，在兵庫、大阪、京都等二府一縣至少撿到了九十一件遺骨，其中有六十九件（七十六%）失主不明。

火葬後所用的骨灰罈，外面通常會包著可以鎖定特定火葬場的包裝紙，或是裡面放有寫著姓名或戒名的牌子；然而這些可以鎖定身分的東西，在那些遺失的遺骨中大部分都被拿掉了，所以不得不說那些人是故意且惡意地「丟棄」遺骨。

如果是一般失物，大多會在持有人所有權消失的法定期限（三個月）過後加以廢棄，然而卻不能這樣對待遺骨。據說許多自治體會委託出自善心，合祀身分不明遺體的寺院，幫忙供養那些被丟棄的遺骨。

但是像這種丟棄遺骨的行為，如果被發現是會被問罪的。二〇一三年（平成二十五年），神戶市西區某高速公路收費站的垃圾桶裡發現了遺骨，神戶市西警察署後來以遺棄屍體罪嫌將遺族函送檢方偵辦。不過還有更賊的手段，也就是擅自把遺骨納入別人的墓！墓的主人幾年後要納骨時把墓打開一看，竟然發現從沒看過的骨灰罈，確實發生過這種離奇事件。

都內某淨土宗寺院的五十多歲住持說：「我認識的一位住持說，有人在他寺裡的墓地丟棄遺骨。當檀家結束七七法會正要納骨時，打開納骨室一看，裡面竟然放著沒見過的骨灰罈。假如個人想要納骨的話，只要挪開蓋住納骨室的墓石就好。野外的家墓是沒辦法上鎖的。若是大型公共靈園，即使是白天，只要裝作掃墓的樣子，任何人都能擅自納骨。也因為很少有遺族或住持知道過去曾納骨的歷代祖先骨灰罈數量，所以要防範這種行為是相當困難的吧！我是很希望我們寺裡沒有發生這種事啦……」（譯註：「家墓」即放置同一家族遺骨的墓。）

擅自打開別人的墓當然會被問罪，《刑法》一八九條規定，盜墓罪是兩年以下徒刑。

迴避死亡的風潮正在蔓延

近幾年，有寺院開始關注並供養這些無人供養的徬徨遺骨。

「與其遺棄，不如使用宅配把遺骨送到寺裡來。」這是一種稱為「送骨」的收費服務，透過宅配接收並供養送來的遺骨。

舉例來說，在提供送骨資訊的網站「送骨.com」上面，就刊登了全國受理送骨的寺院一覽表。提供送骨服務的寺院以關東圈為中心，全國共七十家，供養費用大多為三至五萬日圓。

其中有許多寺院都不需要締結過去那種檀家關係，覺得寺檀關係繁瑣的人因此頗為支持；覺得花交通費前往寺院納骨很麻煩的人，據說也會利用這個送骨服務，另外還有行動不便者也會選用這個方法。

用宅配運送遺骨，讓人覺得好像會遭受天譴，但比起把遺骨丟在廁所、棄置在電車上或別人的墓裡，送骨還是要好得多；但是，總覺得還是有哪裡無法釋懷。

其實，近年來有起關於送骨的事件值得注目。

二〇一四年（平成二十六年）三月，愛媛縣伊予市的宗教法人聲請撤銷送骨納骨堂之經營不許可處分，但高松高等法院卻駁回其請求。這是全日本第一次對送骨事業下了司法判斷。簡單來說，就是法院對專為送骨而設置的納骨堂說NO。

二〇一五年十月，文化廳《宗務時報》報導了這件事的概要。

二〇一一年（平成二三年）四月，愛媛縣伊予市某宗教法人（寺院）對所屬自治體，提出允許經營納骨堂的申請，然而伊予市卻在同年十二月做出了不許可的處分。

官方不允許宗教法人設置納骨堂，這可是前所未見的例子。官方如此陳述不允許的理由：「該寺透過送骨包裹從全國接收遺骨，並根據費用多寡決定要設置之墓碑大小，但其申請之設施有收藏與埋葬事實，及其設施規模可收容之遺骨數量顯然有限。儘管如此，該寺卻無限制地招募使用者，並未對於超過限制數量的遺骨採取任何對策。其經營不僅不符合墓地與埋葬等相關法律第一條規定之『適合國民宗教觀感』，從公共衛生角度來看亦無法容許。」

事情簡單來說是這樣的。

這家寺院透過網路廣為募集送骨人，在網站上宣稱：「接收來自全國各地遺骨的永代供養堂　送骨包裹使用費五點五萬日圓　不分宗派接受全國各地來的遺骨」、「使用郵政包裹，手續簡單，以其他地方看不到的五點五萬日圓安心低價來進行納骨供養」。寺方在申請許可之前，至少受理了四百件申請案，並收容了大約一百具遺骨。納骨堂的容量限制為二百五十具，但網頁上並沒有公佈已經售出的數量。

官方的判斷大概有著以下考量吧——不分宗教地透過宅配從全國各地收集遺骨，遲早會超出納骨堂的容量，如此豈不是脫離了宗教法人的原始理念，變成單純的「遺骨收拾商業行為」了嗎？

寺方則反駁道：「我們原本打算當收容數超過二百五十具就要暫停招募，超過的部分則放在其他合葬墓供養。這種形式的納骨堂在全國都看得到，並沒有違背國民宗教觀感、公共衛生與其他大眾福祉。」

然而，高等法院的判決卻暗示著，今後行政與司法將對送骨做出嚴苛判斷。

我感覺彷彿有一股遠離「死亡」的風潮正在社會上蔓延；在生死觀這方面，變化最大的就是「送骨」。越來越多人想要清算自己，以及與自己有關的過去。假如今後人口因為東京奧運等因素繼續往都市集中，社會將朝著「合理處理死亡」的方向逐漸加速吧！

超高齡社會帶來的孤獨死悲劇

日漸稀薄的家庭關係帶來孤獨死

住在北海道旭川市的川田雄二（五十七歲，化名），最近經常和妻子討論「如何迎接臨終」。川田的叔叔幾年前於八十六歲時孤獨死，然後他們夫妻又經歷了看護父親的經驗，對於「老後」和「死亡」的意識便升高了。

三年前，川田的叔叔在自家淋到熱水，於瀕死狀態下被人發現。他叔叔一輩子單身，靠著接受生活保護度日；因為非常討厭醫院，硬要回家而讓病況惡化，最後在無人照護的情況下過世。高齡者的「獨居」和「貧困」，讓他們經常與生命危險為伍。

川田還來不及為叔叔的死感到悲傷，就換成要辛苦地看護父親。他父親罹患失智症、前列腺癌和糖尿病，被認定為「失能等級5」（無人看護就幾乎不可能進行日常生活的狀態）。他父母住在釧路市內，離旭川很遠。原本是由高齡母親在「老老看護」的狀態下照顧父親，但也已經達到了極限。

川田的母親原本是出了名的愛乾淨，卻因為疲於看護而弄壞了身體，過著置身在灰塵與壁蝨之間的生活，看不下去的川田為父母在札幌市內租了提供看護服務的高齡者住宅。

川田的兄弟姊妹分別住在札幌或旭川，卻不積極協助照顧父母。他姊姊斷然說道：「是你擅自把他們帶回來的，不要丟給我們！」姊弟關係就此破裂。川田的妻子每兩天會從旭川去一次札幌照顧父親，這樣的生活持續了兩年。最後，他父親留下一句「我撐不下去了，我想死」便過世了。

年邁母親在不久的將來，也可能會孤獨死或需要人看護。不，豈只如此，因為叔叔和父親的死，川田和妻子開始對老後感到不安。川田雖然有孩子，但畢竟是核心家庭，所以只要夫妻其中一方先過世，另一方就成了孤單一人。

基於這兩次經驗，川田夫妻「不想給孩子帶來麻煩」的想法越來越強烈，他們完全不打算讓孩子來照顧老後的自己。「我和太太想在七十歲以前死去。如果可以，先由我照顧妻子，然後我想在不麻煩孩子的情況下獨自死去。」

接著場景移到東京。

我在東急東橫線的學藝大學站下車，穿過雜沓的商店街，便進入都內首屈一指的高級住宅區。在泡沫經濟時期，這一帶的公告地價高達一坪兩千萬日圓。支撐戰後日本經濟的一部分成功者，在這裡興建了附有庭院的獨棟樓房；但是經過了近三十年，隨著居民高齡化，房子易主的時期也即將來臨。居民近幾年開始面臨繼承期，轉手賣掉的不動產也增加了。

此處一角有塊一百坪左右的空地，寫著「分售中」的旗幟隨風飛舞，據說直到最近，這塊空地都還有著一棟附有陽台的雅緻宅邸。這塊空地的背後，有件悲哀的事實橫陳在我們眼前。

這棟宅邸以前住著一對夫妻，先生任職於大型汽車製造商，並擔任海外法人社長，兩人育有一男兩女；光看「精英上班族與其家人」這個事實，腦海中會浮現一個幸福家庭。然而，當丈夫在二十多年前過世，夫人就此過著獨居生活。晚年或許是因為寂寞，經常可見到她和路過家門前的熟人聊得入神。

當這位夫人還住在海外時，他們家僱了女傭、司機和園丁，過著所有家事都讓下人去做的生活；回到日本後，她仍然擺脫不了不做家事的生活習慣，導致家裡變得一團亂。出乎意料的是，她那原本爽朗的性格，竟然導致她與子女之間漸行漸遠，在丈夫死後經常公開宣稱：「不會把遺產留給孩子。」

長女幾年前久違地回到老家，才發現母親已經面目全非。三名子女並未出席已經疏遠的母親喪禮。子女在母親死後便決定要賣掉老家。瞭解內情的人說：「人就算在社會上獲得成功，就算很富有地住在大房子裡，要是家庭關係變得稀薄，臨終時還是會獨自死去。」

已進入未知領域的高齡化問題

二〇一五年（平成二十七年），筆者採訪了這兩件悲哀的案例。近代日本的都市化與核心家庭化招來的負面影響就是「孤獨死」，而孤獨死是不分貧富的。

戰後七十年由於醫療技術發達，日本人的壽命飛躍地成長，健康年齡也降低了。當到了團塊世代的下一代也成為高齡者的二〇四〇年，日本的高齡化比例將達到三十六點一%，六十五歲以上人口將膨脹到約三千九百萬人。（譯註：「健康年齡」是將實際年齡根據影響健康的因素作加減，健康年齡越小，表示健康狀況越好。）

作為全體國民富裕指標的GDP（國內生產總值）是四點六兆美金，依然維持排名世界第三的高水準。就算超高齡社會到來，每個人都超過八十歲，應該還是可以度過硬朗而快樂的老後生活吧——然而，這只不過是幻想。

少了「地域共同體」就無法支撐高齡者。在「家庭」與「村落」這些共同體持續崩壞的情況下，前述案例絕非與己無關。不少人在某天察覺地緣和血緣關係已不復存，絕望地看待自己的老後。

在日經BP出版社於二〇一五年七月底實施的「老後生活計畫相關問卷調查」（有效問卷數九六五份）中，對於有關老後不安的問題，回答「很不安」和「有些不安」的人多達七十點一%。

至於不安的理由可舉出三個：①老後資金不足（六十七點五%）；②不信任年金

制度（五十點六%）；③健康狀況不佳（三十四點三%）。在這些不安的背後，高齡者人口今後也會持續增加，不禁令人擔心他們得不到充分的行政與醫療服務。

日本的高齡者問題已經進入未知領域。在二〇一四年時，日本六十五歲以上的高齡化比例是二十五點八%，為世界第一的高齡大國，高於義大利的二十一點五%和德國的二十一點三%；人類史上從來沒有面臨過如此高齡化的例子。

只要看人口結構的年齡分佈圖就一目了然。在一九六〇年，年齡層越低人口就越多，形成一個漂亮的金字塔形，現在則成了十五至六十四歲青壯年人口膨脹的燈籠形；到了二〇六〇年，六十五歲以上的老年人口將會膨脹，變成一個倒金字塔。

這個倒金字塔形社會將帶來許多弊害。「國立社會保障．人口問題研究所」所長森田朗的話敲響了警鐘：「今後將產生大量的高齡者，同時間支持高齡者的青壯年人口又會減少，如此將招來醫療、看護設施與高齡者服務皆不足的事態。」

或許有人不把這當作一回事，認為高齡化只發生在地方都市，與住在大都市裡的自己無關。的確，由於年輕人口在地方都市持續減少，所以高齡化的比例高於東京和大阪。然而，在首都圈的青壯年人口，老後依然會留在都市，因此「高齡者的絕對人數」正在膨脹。根據該研究所推算，到了二〇四〇年，東京都六十五歲以上的高齡者人數將會到達四百一十二萬人，比二〇一〇年多了一百五十萬人。

同時，高齡者還被迫面臨各種「悲哀的現實」，主要是：①孤獨死；②失智症；

③犯罪（包括加害與被害）。日本現在正處於高齡化對策不能等的狀態。但還是有很多人沒有真實感吧！因此我去看了先發展為「超超高齡社會」的「現場」，日本在二十五年後很可能迎來的「悲哀社會」就在那裡。

兩千七百萬名孤獨死預備軍

從JR新宿車站出來，走在山手線沿線的新大久保地區，可以看到一處巨大的集合住宅。這是都營的百人町三丁目、四丁目公寓，通稱「戶山社區」。在L字形的建地內蓋了十六棟大樓。

「這裡每個月都會發現高齡者的孤獨死遺體，一年有二十件左右。新宿區的孤獨死大約有三分之一發生在這個社區，完全是異常事態。」身為社區居民之一，同時也是致力於孤獨死對策的NPO法人「人人連結會」會長本庄有由（七十八歲），如此半自嘲地說著。

戶山社區的人口約有三千兩百人，大概有兩千三百個世帶，亦即七成以上居民是獨居狀態；就連自治會組織也由於高齡化而解散，即使社區裡有高齡者死亡，很少馬上就發現。

儘管本庄這麼說，但他的妻子已經先行過世，只剩自己在社區裡過著獨居生活；

本庄幾年前曾因為心臟病病倒，自己其實也離孤獨死很近。讓本庄坐立難安，進而創立ＮＰＯ的契機發生在十年前，當時他目擊了某個悲慘現場——在本庄居住的大樓高樓層，一名七十二歲男性在死後五十天被人發現，當時是十二月，但由於開著暖氣，腐敗速度很快。「那景象非常慘烈。那位男性是在床上過世的，但房間裡卻像是灑了重油般的狀態，人都沒有形狀了。即使是冬天，蛆和蒼蠅仍然從陽台爬了出來。強烈的臭味附在我身上洗不掉，連續三天吃不下飯。」

這裡乍看之下，不像是孤獨死的現場……

回過神來，這個社區已經接連出現這種孤獨死了。

孤獨死在不同自治體有著不同定義。以新宿區來說，死後十五天以上才被發現的稱為「孤獨死」，死後十五天內被發現的稱為「孤立死」。由於這個社區沒有自治會，所以無法確切掌握孤立死和孤獨死的總數，不過本庄說「恐怕有幾百件吧！」。

難以置信的是，在這個社區座落的戶山地區，六十五歲以上的高齡化比例高達四十九％，社區裡八十歲以上高齡者超過八百位，其中據說還有超過百歲的人瑞與八十九歲全盲老人獨自生活。

未來的日本很可能重蹈和戶山社區一樣的覆轍。根據國立社會保障·人口問題研究所試算的「未來高齡化推算」，到了二〇六〇年，全日本的平均高齡化比例將會提升到三十九點九%。

該研究所所長森田朗指出：「派出所前面公告的『昨日交通事故死亡人數』，很可能會變成在社區前面公告『本週孤獨死人數』的黑色幽默。」

內閣府的《高齡社會白皮書》（平成二十六年版）印證了前面的數據。根據白皮書的內容，在二〇一二年（平成二十四年）時，家中有六十五歲以上高齡者的世帶數，在全日本的四千八百一十七萬個世帶中，佔了二千又九十三個世帶（四十三點四%）；其中一半以上（五十三點六%）是「單獨世帶」或「唯獨夫妻世帶」，兩者加起來有一千七百五十三萬人，也就是孤獨死預備軍的人數。

把這個數據和高齡者單獨世帶的成長率預測值（根據內閣府預測，相較於二〇一〇年的獨居高齡者人口有四百七十九萬人，到了二〇三〇年可能會有七百三十萬人，增加了五十二點四%）合在一起看，就可以推測出二〇三〇年的孤獨死預備軍將近二千七百萬人。

前面提過的日經 BP 出版社問卷調查中，對於「你有沒有可能孤獨死」這個問題，回答「很有可能」或「也許有可能」的人高達四十三點五%；也就是很多人都抱著「總有一天會孤獨死」的危機感。

「重設」孤獨死現場的人

雖然業界急速擴大……

現在對於「清理孤獨死悽慘現場」這一行的需求越來越高，這種服務在業界稱為「特殊清掃」。

福岡縣大野城市的遺物整理公司「株式會社友心」就是其中之一。這家公司的社長岩橋宏於一九七六（昭和五十一年）生於福岡市，於二〇一二年（平成二十四年）三月取得遺物整理士的資格認證，同年四月於大野城市開始一手包辦生前整理、遺物整理、特殊清掃、空屋整理與解體等一連串業務；現在，也同時擔任「一般社團法人家財整理諮詢窗口」（此團體之目的為使家財整理業界全體健全化）的監事。

岩橋說：「在獨居老人持續增加的背景因素下，遺物整理業界在這兩、三年來急速擴張。遠離故鄉的遺族在網路上尋找業者，並交付所有清掃工作的時代已經來臨；也有許多想把房屋恢復原狀的公寓房東前來委託。」

岩橋四年前創業時，為了提高業界健全性而設立的「遺物整理士」只有一百人左右，現在取得這個資格認證的人數已超過一萬人。但是沒有取得資格認證的遺物整理業者也很多，沒有辦法掌握全部數量。

孤獨死的現場越多，商機也就越多。然而其中也有不肖業者，岩橋說：「聽說有業者在整理遺物時，會將找到的貴重物品偷偷中飽私囊。」

據岩橋所說，為死後經過一段時間的現場進行特殊清掃相當花錢。假如現場還殘留體液，為了防止感染就必須進行殺菌作業；若要恢復原狀就得重鋪地板，視情況還得進行土壤改良，有時要價一百多萬日圓。

本來應該要由遺族來整理遺物，但現在只要付錢就有專家幫忙將往生者的痕跡消除得整潔俐落；核心家庭化抵達的未來，就是遺物整理。

岩橋說：「孤獨死的現場讓人想遮起眼睛，但那是現代社會的現實。為什麼這個人非得孤獨死不可？為什麼家人會讓這個人孤獨死？全體社會必須思考這些問題的時候來臨了。」孤獨死的現場是反映現代社會的鏡子。以下就是二〇一五年（平成二十七年）夏天，岩橋與筆者的生動訪談。

遺物整理業者也避諱的特殊清掃爲何？

問：今年孤獨死現場的清掃委託案大概有幾件？

岩橋答：已經超過四十件了，給人一種逐年增加的印象。

問：「遺物整理」和「特殊清掃」有什麼不同？

岩橋答：遺物整理是指整理往生者生前使用的一整套家具。往生者通常是在被照顧的情況下於醫院或自家過世，等到喪禮告一段落之後，由遺族前來委託。「特殊清掃」是指打掃自殺、殺人、孤獨死等等遺體發現得晚的房子。

那種悽慘的現場，當然誰也不想進去。假如是自殺或孤獨死，多半是附近鄰居聞到臭味而去通報，那樣的現場都還留有家庭生活用具；雖然遺體已經先運出去了，但留下來的體液和毛髮仍然會腐敗並發出異臭。先清除遺體的痕跡，然後整理遺物並且把房子恢復原狀，這就是特殊清掃。

問：聽說您開始從事特殊清掃之前，是從事中古車販售業是嗎？

岩橋答：沒錯。我本來是從事中古車販售業，但二〇一一年（平成二十三年）從住宅清掃業者那裡聽說了遺物整理的事情，這成了我創業的契機。經過調查，我得知已經成立遺物整理士認定協會，就去考取資格。

問：當時即使社會大眾對遺物整理的需求正在增加，但是專門從事遺物整理的業者還是很少是嗎？

岩橋答：沒錯。因為以前沒有業者做過，所以沒有辦法參考。像是要去哪裡跑業務、哪裡有需求、會接到什麼樣的工作等等，處於什麼都不知道的狀況。就連要怎麼打廣告也不懂。

問：您是第幾位通過遺物整理士認可的人？

岩橋答：我是第一百一十七位。由於現在已經超過一萬人，可看出遺物整理業這幾年成長了多少。

問：並不是所有遺物整理業者都有做特殊清掃嗎？

岩橋答：對。大多數遺物整理業者是以「尋寶」為主，亦即把委託處理的家具和家電拿去販賣並從中獲利。這是這個工作的其中一面。

問：和回收業者很像？

岩橋答：說得也是。實際上，幾乎都是回收業者在從事遺物整理。

問：我聽說東日本大地震是遺物整理業增加的契機嗎？

岩橋答：是的。雖然這樣說不好聽，但遺憾的是，其中有業者會趁火打劫。在遙遠都市生活的遺族，根本沒辦法整理東北當地亂七八糟的房子，不是嗎？所以只能委託業者。舉個極端的例子，我聽說有業者估價三十萬日圓，最後卻索求三百萬日圓的討價過高案例。我無法否定，因為有部分業者做了這種事，而打壞了業界形象。

為了抹除這種負面形象，位於北海道的幾家公司聯合成立了遺物整理士認定協會，遺物整理士這種資格認證便於焉誕生。

問：您在福岡從事遺物整理與清掃已經過了四年，請告訴我們大眾需求在這段日子增加與變化的情況。

岩橋答：遺物整理的需求的確在增加中。不過，大多數業者都會避開需要特殊清掃的現場。對於孤獨死遺族的需求，業界全體目前還沒有辦法因應。

面臨孤獨死現場的遺族，大多只知道「遺物整理」一詞，幾乎不知道「特殊清掃」這個關鍵字，所以只會在網路上朝「遺物整理」的方向搜尋，然後遺物整理業者便來到現場估價。但是由於玄關前已經聞得到異臭、蒼蠅飛舞，業者當然能想像屋內的情況，就會說「這不是我們的專業」而拒絕。就算找其他家來，同樣會回答「我們也辦不到」。實情是，大部分的遺物整理業者都沒有從事特殊清掃。

問：意思是說，連遺物整理業者都對特殊清掃敬而遠之嗎？

岩橋答：我剛才也說過，遺物整理業界是以「尋寶」為主，目的是轉賣遺物。然而，留在需要特殊清掃的現場的遺物，全都無法當作商品販賣。所有家具和家電都附著了臭味，不可能再販賣。所以應該有很多業者認為這沒有賺頭吧！

有一陣沒聞過的臭味……

問：您是說，特殊清掃的現場嚴苛到所有家具都會附著臭味嗎？

岩橋答：的確很嚴苛。只要待在室內三分鐘，臭味就會滲進皮膚裡，沾染在頭髮上，光是去除這些臭味就很困難了。

問：您第一次進入特殊清掃現場時，應該受到相當大的震撼吧？

岩橋答：我第一次去的現場位於公寓四樓，但光是踏進一樓電梯，裡面就已經微微飄散著一股以前沒聞過的臭味。我覺得奇怪，電梯的四個角落明明就放了芳香劑，結果在電梯門打開的那一瞬間，更強烈的臭味飄了過來。

問：那位往生者是在什麼狀態下過世的呢？

岩橋答：他在垃圾屋中孤獨死，也就是俗稱的「自我放任」（self-neglect，失去維持生活的欲望與能力）。差不多五十幾歲。

問：高齡者的孤獨死也在增加吧？

岩橋答：非常多。就算有親人也住得很遠，彼此不相往來。在現在這個時代，光是要過各自的生活就已經竭盡全力，親人都變得不像親人了。結果就是往生者孤單地離世，遺族直到警察打電話來才知道事實……

問：發現孤獨死的遺體之後，會採取什麼行動呢？

岩橋答：首先警察會來，判斷沒有他殺的可能性之後就會搬出遺體，並且把所有撿得起來的屍塊都放進大袋子裡帶走。

問：假如往生者是沒有親人的老人，都是誰聯絡您呢？

岩橋答：發生在集合住宅的話是屋主，此外就是葬儀社會來委託。

問：要是不做特殊清掃，就沒有人能進去屋內了吧？

岩橋答：是啊，房子當然也就不能租給別人了。

問：那麼，如果在沒有親人的往生者那邊找到貴重物品，會怎麼做呢？

岩橋答：當然是全部還給委託人。但是有很多業者會直接中飽私囊。

問：在您目前看過的現場中，什麼案例最讓您印象深刻呢？

岩橋答：兩年前的夏天，一位八十四歲婦人的孤獨死遺體被人發現了。大概是死後一個半月吧！情況非常可怕，臭味當然也很強烈。

問：遺體在哪裡呢？

岩橋答：廁所前面。那時候就連紙拉門的軌道都要切斷取下才行。搬出遺物後打開臭氧產生機，就大致結束了。雖然只是一間兩房一廚房的房子，但也花了四天時間。

問：也會使用臭氧產生機嗎？

岩橋答：對，為了防止二次感染。

問：做得這麼徹底，就能去除臭味嗎？

岩橋答：某種程度上可以去除空間裡的臭味，但是滲入木頭的臭味就去不掉了。如果不徹底翻新，臭味還是會留著。

問：冬天的現場比夏天的好嗎？

岩橋答：不太會發出臭味，腐爛速度也比較慢。雖然也要看往生者過世的地點就是了。

問：孤獨死現場的特殊清掃要花多少錢？

岩橋答：視過世的地點而定。比方說，假如是老舊木造公寓一樓，很多地方地板下面就直接是泥土。有時候體液會滲進地板下的泥土，導致新生的蛆反覆從泥土裡生出來變成蒼蠅。在這種情況下，就要挖土挖到超過四十公分深，所以就算只有一個房間，有時還是要花上五十萬日圓。

問：結論是，不要出現孤獨死最不花錢。

岩橋答：我也這麼想。實際上，因為孤獨死太多了，所以高齡者租不到房子。對房東來說，房子空著雖然很傷腦筋，但是孤獨死更讓人頭痛。

沒有人希望孤獨死

問：平時進行遺物整理時，會從現場找到現金、金塊或美術品嗎？

岩橋答：會。孤獨死的現場就連遺族都不想進去，所以許多委託人會說所有東西都不要了。在這種情況下，許多業者就不會仔細確認而接連把東西丟掉，不過我們公司會一件一件仔細確認並整理，甚至曾經在和服腰帶上發現現金。

問：是在哪裡找到的呢？

岩橋答：藏在家裡的錢，通常都藏在不易發現的地方，像是壁櫥裡面，或是隨便放在普通的紙袋裡面。假如現金是和衣服放在一起，乍看之下會以為全部都是可燃垃圾，但若小心翼翼地把衣服拿開，就會接著出現紙袋，從裡面發現一大疊鈔票。

問：最多曾經找到多少錢呢？

岩橋答：在單一現場就找到近五千萬日圓。

問：五千萬圓？那是放在金庫裡面嗎？

岩橋答：不是，是從紙袋或零食罐裡面找到的，藏得到處都是。

問：往生者有親人嗎？

岩橋答：算是有吧！之所以說算是有，是因為那對母子已經三十幾年沒有聯絡了。某天對方突然接到警察來電，說是：「您母親過世了，請來確認。」由於是三十年沒有聯絡的母子關係，不用想也知道吧。對往生者的兒子來說，大概覺得「怎麼這麼突然」吧！從遺族的角度來看，他們會思考很多事情，像是如果在租來的房子裡發現可怕的孤獨死遺體，要恢復原狀需要多少錢？若認為要花上大把金錢，當然會想要全部放棄，把一切都交給業者處理。幾乎所有委託人都不會出現在現場，大多都是委託我們「把所有東西都丟掉」。

問：這時候，如果偶然發現現金的話呢？

岩橋答：就是啊，假如委託人有殺價，讓業者在收支勉強打平的情況下承包業務，要是找到現金，業者會不會誠實地還給委託人呢？這就看業者的道德了。

問：曾經發現遺書之類的東西嗎？

岩橋答：有。剛才那個發現五千萬日圓現金的案例還有後續。當我們一件一件清查遺物時，在一大疊舊報紙和過期雜誌之間發現了遺書。這份遺書是往生者過世十年前寫的，是以會一個人過世為前提寫的遺書。

遺書大意是：「希望我過世之後，可以當作無緣佛接受永代供養。一千萬圓付給寺院，請替我永代供養。剩下一部分要捐給窮苦人。其餘則全部送給最後關照過我的人。」

問：所謂最後關照過往生者的人，就是岩橋先生您吧！

岩橋答：以結果來說是這樣沒錯，不過，那是那位往生婦人的遺產。另外，雖然已經斷絕了關係，但既然有找到她的血親，我認為應該還給對方才合理，所以就歸還了。

整理遺物時，我會把保留具有子女小時候回憶的東西，但子女卻對那些東西不屑一顧，說著「我才不要那種東西」並全部丟掉，只帶走貴重物品。如果找到相簿或紀念品之類的東西，我總會把它們裝成一箱還給遺族；我想，要是它們能夠作為回憶留下來就好了。

問：子女會後悔讓父母孤獨死嗎？

岩橋答：我想會的。曾經有人說：「（父母）明明到年底還很健康，沒想到會像這樣死去。」

問：那算是道歉嗎？

岩橋答：大概是吧。所以，我會設法找到一些可以傳達往生者想法的東西給子女，像是多年前的明信片之類的。有些子女在父母死後才知道他們對自己的心意，因此流下眼淚。我剛才也提過，當我找到往生者留給子女的訊息，而子女也得知過世的父母心意，就會產生感謝之情。親眼看見這瞬間，我就會覺得從事這份工作真是太好了。

問：您認為孤獨死是「寂寞的死亡」嗎？

岩橋答：是啊……從事特殊清掃，的確讓我留下了「寂寞死亡」的印象。不過，假如往生者在某個地方看著我們，產生感謝之情並前往天國的話，那就是我們身為業者的福報。

沒有人希望發生孤獨死。即使因為某些理由而發生孤獨死，遺物整理業者也會作為媒介，把充滿共通回憶的遺物還給遺族。藉此，遺物中甦醒過來的過往回憶，將會轉變為對往生者的感謝。在往生者過世後，我們能夠發揮橋樑的功能，再次把往生者和遺族的心連結在一起；正因如此，我更覺得我們業界必須維持高品質才行。

第二章

逐漸變遷的喪葬

沒有喪禮的葬儀場

從訃聞欄消失的青山葬儀所

我猜會讀報紙訃聞欄的人應該不多，硬要說的話，筆者屬於會抱著興趣一讀的類型。

近幾年訃聞欄起了一些變化，越來越常見「守靈和告別式僅限近親參加」的字樣。這句話可以解讀成：「我們要舉行密葬（家族葬），只要喪主沒有通知，就不要來參加。」從前，當大企業的幹部或名人過世時，大家都是仰賴訃聞欄的資訊，趕去參加守靈和喪禮；得知「僅限近親」時，有些人會覺得落寞，但應該也有人會覺得「辦密葬真是太好了」而鬆了一口氣吧！

在泡沫經濟時期前後，很流行弔唁客越多越好的大規模喪禮。當公司幹部過世就會實施社葬，設下豪華的祭壇，會場內外都擺滿了花圈。（譯註：社葬：公司舉辦的喪禮。）

先不論「大喪禮時代」的好壞，許多公司職員和客戶等相關人士都會出席喪禮。當時，甚至還有許多惡劣的人會出沒在喪禮上，他們以報紙上的訃聞為資訊來源，前往葬

圖 1　驟減的大規模喪禮

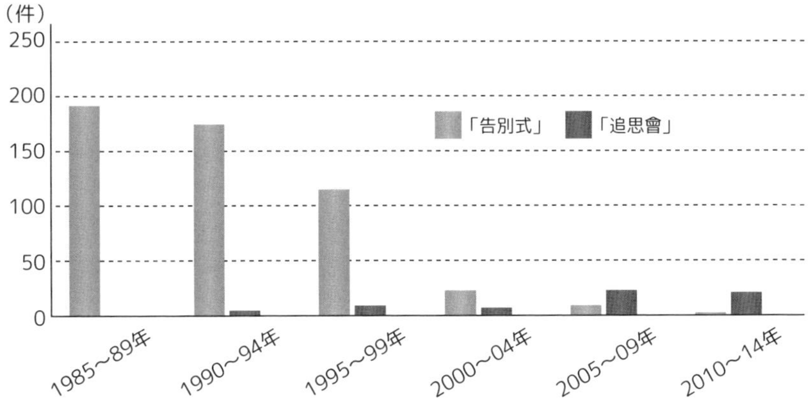

儀會場並混在不特定多數的弔唁客中，偷走要送給弔唁客的謝禮。

然而最近無論是名人或富裕階級，都漸漸不舉辦這種豪華喪禮了，這種潮流與結婚典禮的流行現象很相似；泡沫經濟時期曾經流行過豪華婚禮，但現在則是僅限近親和好友參加，以在自家舉行為主流。

我要舉出一些顯示如今都市喪禮正在簡化的數據。提供喪葬資訊的公司「鎌倉新書」曾於二〇一四年（平成二十六年）實施「葬禮種類」的調查，以下就是其比例數據（僅限關東圈）。

在關東圈，歷來的一般葬（三十一人以上出席）減少到三十四%。相反地，規模比一般葬小的家族葬（幾乎與密葬同義，參加人數在三十人以下，占三十二%）、一日葬（只舉行一天的喪禮，占十一%）和直葬（不舉行喪禮只火葬，占二十二%）逐漸抬頭。

這十五年一直持續著簡化喪禮的潮流。然而調查大型葬儀會場的動向之後，一件很有趣的事實浮上了檯面——筆者所注目的，是在全日本知名度首屈一指的葬儀會場「青山葬儀所」（位於東京都港區）。

青山葬儀所是送走許多名人的著名葬儀會場，它位於都市正中央極為方便之處，空間寬敞，氣氛平靜，是企業舉行社葬的首選。它原本是報紙訃聞欄的常客，但我覺得最近越來越少在訃聞欄看到青山葬儀所的名字。

因此，我使用新聞搜尋系統（日經 telecom21），搜尋「青山葬儀所」和「告別式」這兩個關鍵詞，把媒體設定為「朝日新聞」，查出一九八五年（昭和六十年）以後，每五年為單位的搜尋筆數；另外，由於「追思會」在近幾年越來越引人注目，所以也搜尋了這個關鍵詞（請參照89頁的圖1）。

表 1

年代	在青山葬儀所送走的名人 （告別式或密葬等舉行的年月、頭銜、弔唁人數）
1985～1989 年	美濃部亮吉（1985 年 1 月，前都知事，700 人）
	平澤貞通（1987 年 5 月，原死刑犯，150 人）
	石原裕次郎（1987 年 8 月，男演員，33500 人）
	手塚治虫（1989 年 3 月，漫畫家，1 萬人）
	美空雲雀（1989 年 7 月，歌手，7 萬人）
1990～1994 年	開高健（1990 年 1 月，作家，1200 人）
	井上靖（1991 年 2 月，作家，1000 人）
	大山康晴（1992 年 7 月，棋士，1300 人）
	田中角榮（1993 年 12 月，前首相，5000 人）
	大山倍達（1994 年 6 月，空手道家，6000 人）
1995～1999 年	宇野千代（1996 年 6 月，作家，1000 人）
	杉村春子（1997 年 4 月，女演員，1000 人）
	三船敏郎（1998 年 1 月，男演員，1800 人）
	長島直之（1999 年 7 月，在劫機事件中遭到殺害的 ANA 機長，1500 人）
2000～2004 年	小淵惠三（2000 年 5 月，前首相，4500 人）
	Jumbo 鶴田（2000 年 6 月，職業摔角手，4600 人）
	中村歌右衛門（2001 年 4 月，歌舞伎男演員，3000 人）
	碇矢長介（2004 年 3 月，藝人，1 萬人）
2005～2009 年	丹波哲郎（2006 年 9 月，男演員，2000 人）
	青島幸男（2006 年 12 月，前都知事，710 人）
	坂井泉水（2007 年 6 月，歌手「ZARD」，4 萬人）
	宮澤喜一（2007 年 7 月，前首相，1500 人）
	忌野清志郎（2009 年 5 月，歌手，42000 人）
2010～2014 年	田中好子（2011 年 4 月，女演員，2200 人）
	原田芳雄（2011 年 7 月，男演員，1300 人）
	森光子（2012 年 12 月，女演員，2300 人）
	大鵬（2013 年 2 月，前橫綱，1500 人）
	島倉千代子（2013 年 11 月，歌手，3000 人）

雖然這些搜尋筆數並不是青山葬儀實際舉行過的喪禮數目，但還是可以作為觀察大規模喪禮歷年變化的參考指標。請把圖1與表1一起看。

可以從圖1看出在青山葬儀舉行的「告別式」搜尋筆數，從泡沫經濟時期起就持續下跌，進入二〇〇〇年以後更是驟減；值得注目的是，「追思會」在最近十年逐漸增加。

「追思會」是在密葬（家族葬）和火葬結束後，另外再找日子舉辦。對主辦者和弔唁客來說，這樣很容易安排時間，可以期待更多人出席。在歷來的喪禮（一般葬）當中，無論如何主角都是「往生者」，就算要弔唁客取消其他行程，按照慣例也要趕去參加喪禮。不過如果是追思會的話，由於準備時間充分，能夠舉辦更花心思的儀式；假如是歌手的追思會，甚至可以安排「音樂葬」這樣的形式，吸引許多歌迷參加。

其實最先開始舉辦追思會的是大飯店。據說最早的是大倉飯店於一九九四年（平成六年）舉行「送往生者會」，同一時期，像是新大谷飯店等擁有大規模宴會場地的飯店，接連進入追思會的市場。也就是在少子化的潮流中，改以死者為目標，活用原本用來舉辦婚宴的會場。許多飯店舉行的追思會禁止攜入遺骨、燒香或誦經，其形式和婚宴很相似，像是播放懷念往生者的影片、獻花和自助餐會式的懇談會等等。

追思會可說是一種顧慮到弔唁客的喪禮，其中似乎隱藏著主辦人希望讓弔唁客「擁有充分時間追憶與告別」的用意。此外，看了青山葬儀所過去三十年來有較多人參加的喪禮，會發現相較於政治家或其他文化人，參加知名音樂家喪禮的人數不是普通地多；

很意外大眾並不知道這裡是公營機構。

也可從喪葬的觀點看出音樂的力量有多大。

葬儀場的使用方式也產生了變化

儘管青山葬儀所送走許多名人，但還是沒幾個人知道它的真實樣貌——它其實是東京都擁有的公營葬儀所；其他都營葬儀所還有江戶川區的瑞江葬儀所。順便一提，相較於瑞江葬儀所是火葬設施，青山葬儀所則是舉辦喪禮的專用場地，並沒有火葬設備。

來看看青山葬儀所的歷

史，起源可以追溯到一九〇一年（明治三十四年），一開始本來是民間葬儀所，後來捐贈給舊東京市，又於一九七四年（昭和四十九年）改建為現今的現代鋼筋水泥建築。

隨著導入指定管理者制度，青山葬儀所從二〇〇六年（平成十八年）起由日比谷花壇集團管理、營運。日比谷花壇從事插花與裝飾等事業，與喪禮的契合度很高。

青山葬儀所的用地鄰接青山靈園，約有三千坪，一天只受理一組顧客，如果把守靈也算進去的話，每組就需要兩天的時間。因此一年之中的利用次數並不如想像中那麼多。

在日比谷花壇集團成為指定管理者的二〇〇五年度前幾年，青山葬儀所一年的使用次數只有三十次上下；即使把守靈算進去，一年三六五天中，也有超過三百天是沒有在運作的。似乎是隨著家族葬的流行，大規模的喪禮相對地被人敬而遠之。

以青山葬儀所來說，設備老舊也是顧客流失的原因之一。直到民間的指定管理者接手之前，那裡的廁所都是蹲式馬桶，會場椅子是固定式，空間使用彈性很低；等待處是租來的帳篷，在夏天和冬天都讓弔唁客苦不堪言。此外，使用費是每八小時八十四萬日圓，與其他民間火葬場比起來相當昂貴。

在日比谷花壇集團成為指定管理者之後，廁所換成免治馬桶，會場椅子換成可動式，也能安排以立食餐會的形式送走往生者。

此外，使用費調降到八小時六十九萬日圓（現在的基本費用，另有附加費用），也開放一般顧客使用。為遺族準備的房間乾淨整潔，除了浴室、廁所和廚房之外，也備有附加臭氧產生機的遺體安置空間。至此，才總算開始提供與一般民間火葬場無異的服務。

經過企業努力的結果，青山葬儀場二〇一一年度以後的使用件數，恢復到一年七十件的水準，二〇一五年度可望有七十七件。

此外，日比谷花壇集團還想把青山葬儀場活用於喪事以外的用途，藉此確保收益，然而東京都的法規並不允許喪葬以外的用途。儘管如此，法規正在慢慢放寬，自二〇〇九年起，允許青山葬儀所也能舉辦忌日法會；二〇一〇年，則因為舉辦電視導演德里伊藤的生前葬而成為話題。二〇一六年二月，除了喪葬的原始目的，還用作東北大學主辦的學術研討會會場。他們開始了諸如此類的嶄新嘗試。

青山葬儀所給人的印象是常有許多藝人使用，但實際上，像是政治家、官僚、企業經營人與大學教授等具有社會地位的往生者，大約佔了五成；活躍的名人佔了三成；相較之下，藝人大約只佔一成，比例並不多。

據青山葬儀所表示，他們也廣為接受一般人如上班族、公務員和個人商店的店長等等使用。青山葬儀所的所長石井弘之這麼說：「小而美的喪禮特別是在都市成為主流，我們每年也會舉辦幾次家族葬和名人的密葬。儘管直葬這類不辦喪禮的喪葬型態似乎逐漸增加，但當我看著弔唁客直到最後都陪在往生者身邊，並送他走的身影，就再度感受到喪葬文化的重要性，必須將喪禮原本的意義傳承下去才行。」

接著石井還提及喪禮的「教育效果」。

「孫子在喪禮觸摸直到昨天都還健在的爺爺的手，發現很冰冷而嚇得緊緊抓住媽媽，然後發現媽媽的手很溫暖。這時候孩子就知道什麼是『死亡』，往後會開始對活著這回事抱著感謝。這是在學校或日常生活中絕對學不到、體會不到的事。」

「不需要喪禮」的風潮的確正在都市擴大，青山葬儀所或許很難抗衡喪禮簡化的浪潮。不過，我還是認為必須好好守住，「想與珍惜之人共度最後時光」這種人類最基本的情感。

有著一萬具遺骨的都心大樓

廢墓與改葬

民俗學者柳田國男在他於終戰那年所著的《祖先之事》（暫譯，先祖の話）一書中，談論過日本固有的祖先崇拜。

「一般來說，人都有著死後想受人祭拜的心願。」在柳田的祖先觀中，日本人是把「死後會成為祖先」當作前提。在這種情況下，死者靈魂會離開「家庭」，但不會離太遠，而是在故鄉的土地扎根並留下來，平時就在故鄉（村落）的山中守護著子孫，只會在盂蘭盆節和新年時回到「家庭」。（譯註：盂蘭盆節在農曆七月十五日，日本人會在這時祭拜祖先。）

為了守護祖先，子孫會繼承墓和佛壇，而總有一天子孫也會成為祖先。能在這種情況下成為祖先的，通常是身為一家之主的長男。長男以外的子女會離開「家庭」並建立新的「家庭」，然後成為最初的祖先。這就是日本自古以來的祖先崇拜概念。

這個機制在明治時代以後，就一直被遵守。戰前的民法訂有「家制度」，一般來說

「長男即一家之主」，擁有財產與祭祀的一切繼承權。

後來，家制度在戰後民法下完全解體。如今，父母的財產除了分給長男以外，也會平均分給其他兄弟姊妹。那麼，祭祀繼承權又如何呢？不知為何，由長男繼承祭祀權的習慣仍然延續至今。繼承菩提寺的檀家、守著墓地與佛壇、在喪禮時擔任喪主的人，大多都是長男吧！儘管家制度在戰後已經失去法律效力，卻仍然持續是風俗習慣。

然而，「家庭」這種形式越來越崩壞了。這從「家庭」的象徵——「墓」的變化就看得出來。地方都市的「廢墓」，以及都市內接連出現的「永代供養」，都象徵著墓的變化。解除和故鄉菩提寺之間的寺檀關係，把歷代祖先的墓放入菩提寺的合祀墓中，稱為「廢墓」。把父母的遺骨遷移到自己位於大都市的生活圈，稱為「改葬」。

這兩種現象加劇的結果，就是近幾年大都市接連出現大型的納骨設施，以收容遠離故鄉的遺骨。帶動這兩個現象的世代，就是因集體就業而從地方農村前往大都市的團塊世代。他們面臨了雙親都過世的時期，現在輪到自己繼承祭祀權，像是繼承墓與佛壇，以及擔任喪禮的喪主等等。因此，都市人正開始為父母以及自己將來要埋葬的地方「備墓」。

在這裡，我想要列出以團塊世代為核心的「多死社會」相關數據。

根據內閣府的《高齡社會白皮書》，到了團塊世代超過七十五歲的二〇二五年，六十五歲以上的高齡者人口會達到三千六百五十七萬人。在此同時，長壽化的情況會比現在更嚴重。據推測，到了二〇四〇年代，男性的平均壽命會上升到八十三歲，而女性則會達到九十歲，高齡化現象遲遲不會停止。因此，也有人預測直到二〇四二年為止，高齡者人口都會不斷增加。

要比喻的話，這種超超高齡社會的結構，就好像從上游流下來的河水被水壩擋住，當水壩的水位升高，排水（死者）的量就越多。在往後二十五年到三十年，稱為「多死社會」的時代將會到來。多死社會已經揭開序幕。都會墓地的規模不斷膨脹，以便接納死亡。

陸續出現在都市的永代供養墓

以前，只要說到埋葬遺骨的地方就只有兩個選項，要不是埋入菩提寺的一族墓（編註：收容同一家族的集合墓）當中，就是到公共靈園尋求墓地和墓碑並埋葬在那裡。再重複一次，能夠繼承菩提寺一族墓的人是長男，次男以下的兄弟姊妹都要自行在某處靈園尋求自己的墓。

然而，來到都市的團塊世代不分長男或次男，都開始產生「不需要昂貴的土地墓」、「對死後世界沒興趣，想把遺骨撒在海裡或山裡」的想法。為了因應這些需求，「永代供養」正在急速增加。永代供養的「機制」視墓地管理者而定，但共同特徵是：①不分宗教與宗派；②不需要成為檀家；③費用透明。

如果把墓比喻成住宅的話，以往的「家墓」（因出現永代供養，學術上便把歷來的墓定義為「家墓」）就像是租來的獨棟建築，而「永代供養墓」則像是出租公寓，最大特色是「要擁有墓不難」。都市人第一次買墓時，若選擇以檀家制度為前提的墓，難度會太高，無宗教式的永代供養則相對自由開放。

不過，人對永代供養還有許多誤解。

說起來，第一間提倡永代供養的寺院是比叡山延曆寺大靈園，在一九八五年（昭和六十年）就開始招募使用者。在無子女夫妻、單身者與無人繼承墓地者持續增加的背景下，「久遠墓地」在「比叡山延曆寺替您永代供養」的宗旨下建成了。比叡山延曆寺屬於天台宗，但唯獨這塊久遠墓地是不分宗教與宗派為特色。

當年，像久遠墓地這樣的永代供養還不普及。然而進入一九九〇年代之後，另一種永代供養類型開始流行於全國各家寺院，那就是合祀型的永代供養墓；這種類型是在寺院用地內建造觀音像或佛塔，將許多遺骨安置其下，但對象僅限檀家。

合祀型永代供養墓的使用目的，是為了整理自家一族的墓。以一般的一族墓來說，當增加收藏的遺骨，或是想要一起祭拜親戚時，經常會增設新的墓，往往可以在地方寺院看到歷代祖先的墓一字排開，但是增設的部分就要追加墓地管理費。當家族在經濟上沒有餘裕，或是遇到五十回忌或百回忌等最後忌日時，很多現代人都會想要整理祖先的墓。合祀型永代供養墓最主要目的，就是祭祀這種古老的一族遺骨。（譯註：五十回忌為在往生滿四十九年的忌日舉辦法會。百回忌為在往生滿九十九年的忌日舉辦法會。）

從二〇〇〇年代後半開始，像比叡山延曆寺久遠墓地，這種能以個人身分加入的永代供養墓開始正式擴大。如前所述，這是因為來到大都市的團塊世代開始認真「備墓」了。

這種以個人身分加入的永代供養墓有各種類型，但大致可分為「屋內型」和「屋外型」兩種。屋內型是建造在大樓中的納骨堂，又以外觀近似投幣式置物櫃的形式最為普及，大多都是把骨灰罈收納在有門的簡約置物櫃中。基於防火目的，不能使用蠟燭和線香。此外，也有許多納骨堂禁止供奉鮮花和生鮮食品。

相對地，在空間或設計上花心思的置物櫃式納骨堂越來越多。有些每個都像漆器風的櫥櫃一樣莊嚴，甚至還有金箔樣式的豪華設計，種類五花八門。但是櫃門大多是塑膠製的簡陋品。

有趣的是，納骨堂在不同地區的特色也不同。硬要說的話，東京的大多簡單而實用，而福岡的置物櫃式納骨堂則幾乎都包含佛像、牌位與佛具在內的佛壇型；非常有特色的還有名古屋的納骨堂，以盛大舉辦冠婚葬祭等人生儀式的文化而聞名，其納骨堂也給人相當豪華的印象。

離名古屋榮地區很近的萬松寺，曾在一五五二年（天文二十一年）舉辦織田信長

萬松寺的納骨堂「水晶殿」

父親信秀的喪禮，因而廣為人知。身為喪主的信長腰上纏著粗繩，以奇怪的裝扮登上喪禮會場，當時他冷不防地朝著佛像丟擲香粉，因而被人稱作少見的蠢才；因此萬松寺同時也是日本史上著名場景的舞台。宛如信長特立獨行一般，經過四百五十年以上歲月的萬松寺，開始經營富有特色的納骨堂，寫下了新的歷史。

現在的萬松寺於一九九四年（平成六年）改建而成，在備有正殿的大樓中，有四種類型的納骨堂，每種在結構上都屬於置物櫃式的永代供養。其中值得一提的是三樓的「水晶殿」，兩千八百個水晶玻璃製的唐櫃（納骨箱），在牆壁上排得密密麻麻。一進去殿內，裝在每個唐櫃中的ＬＥＤ燈就把整個空間映照成藍色，只有自己的櫃位微微亮著橘光，顯示出要參拜的所在位置。

這裡和一般納骨堂給人的印象差距相當大，如果要比喻的話，這裡讓人覺得彷彿置身於展示現代藝術的美術館，或高雅的酒吧空間。基本上，每個唐櫃最多只能容納兩具遺骨，但這裡也有一部分是可以容納歷代祖先遺骨的大型唐櫃。

納骨堂的價格設定有如在販賣公寓，位於視線前方的櫃位價格昂貴，而靠近地板必須蹲下來的，或手搆不到的天花板附近位置就比較便宜。據說直到最後一次的三十三回忌為止，僧侶每天早晚都會幫忙誦經。（譯註：三十三回忌為在往生滿三十二年的忌日舉辦法會。）

成爲課稅對象的自動搬運式

根據預測，稱為「自動搬運式」的類型將在往後取代置物櫃式，並且在都市內增加。如果是自動搬運式的話，整棟六、七層樓高的建築物都是納骨堂。

請想像一下立體停車場。當車子從一樓入庫後，會隨著起重機慢慢收納到大樓內部，要出庫時只要操作按鈕，車子就會從一樓出來，自動搬運式納骨堂的基本構造就和這個一樣；需要時，只要把IC卡放在終端裝置上感應並等待幾分鐘，就會自動送來想要參拜的遺骨，同時打開櫃門開。此外，參拜包廂裡則附有螢幕，會放映往生者的遺照和戒名。

現在，東京都有十家這種自動搬運式的納骨堂，筆者拜訪了其中幾家。從新宿車站東口的伊勢丹本店徒步七、八分鐘，就能抵達淨土宗太宗寺經營的納骨堂「新宿御苑前聖陵」。它是一棟六層高的大樓，乍看之下只覺得是一棟雅緻的公寓，於二〇一四年（平成二十六年）五月落成，方便的立地條件是它最大的優點。

住持問川良元說：「我希望大家別以掃墓為目的，就抱著來新宿購物，順便來這裡一趟的輕鬆心情即可。我希望人能夠透過掃墓來增進與家人之間的交流，於是建造了這棟納骨堂。」

進入大理石打造的大門後，就是備有等待室的大廳，可以從大開的窗戶看到太宗寺外面的墓地。這樣的設計含有住持的理念，透過向真實的墓地「借景」，就能讓人沉浸在掃墓的氣氛中。三樓以上是納骨設施，這裡各層樓也有供人使用的參拜包廂，只要放上IC卡感應，門就會打開，刻有名字石盤的唐櫃跟著出現；以外形來說近似於保險箱。

與一般的家墓不同，參拜者不需要準備任何東西，這裡已經插了鮮花，也準備了點火的電熱式香爐；除了冷暖氣設備以外，每層樓都有打掃周到的免治馬桶，也設置了好幾張考慮年長者休息用的椅子；通風很完善，不必擔心香的味道沾在衣服上。這裡的舒適性，是參拜過去那種戶外墓地所比不上的。

二樓備有可容納二十人的法會室。雖然這裡是由隸屬於淨土宗的太宗寺經營，但是並不分宗教或宗派，無論基督教或新興宗教都受理。我去過倉庫，看見幾個刻有十字架的唐櫃，據工作人員說，也有新興宗教信徒來過好幾次。在這裡只要不打擾到其他參拜者，也可以請其他宗派的宗教家前來供養往生者。

這一帶的路線價是每平方公尺二百五十萬日圓，不動產行情是日本首屈一指的高。因此，如果要在這裡購買一般的戶外墓地，就必須做好要花上數百萬日圓的心理準備；相較之下，這家納骨堂只要不到一百萬日圓就能使用。據說一年的簽約量約有七百個櫃位，售出總數則是四千個櫃位。

至於永代供養墓的販賣，則是委託給佛壇、佛具的大型製造商「長谷川」。當新宿御苑前聖陵開始營業時，長谷川公司就在寺院後面設了營業處，負責人說「以備隨時都能為客人介紹」。

在最近的簽約者當中，有些人原本是在太宗寺用地內擁有一族家墓的檀家，後來才改葬到這裡的自動搬運式納骨堂。面臨今後的多死社會，這可說是都市寺院的先進對策。

然而，經營自動搬運式納骨堂也有風險。

問川透露說：「包含我們在內，都內所有正在經營的自動搬運式納骨堂，都收到東京都寄來的固定資產稅與都市計畫稅課稅通知。置物櫃式的納骨堂目前還沒事。老實說，我覺得很奇怪，為什麼只有自動搬運式要課稅呢？」宗教設施通常不用課稅，但政府當局開始把這判定為「商業行為」。另一方面，也有寺院質疑為什麼只有自動搬運式要課稅，下定決心對東京都提起告訴。這家寺院就是在赤坂見附車站前設有自動搬運式納骨堂的傳燈院。

曹洞宗的傳燈院（主寺在石川縣金澤市），是二〇一三年（平成二十五年）於東京都內成立的第二間分寺。它建好的自動搬運式納骨堂「赤坂淨苑」，能夠全自動收納約三千七百具遺骨，還備有正殿與大廳。

然而，到了二〇一五年，東京都以「無宗派的納骨堂不算宗教行為」為由，要求寺方繳交總計約四百萬日圓的固定資產稅與都市計畫稅；傳燈院對這方面感到不服，同年七月向東京地方法院提起要求取消課稅的訴訟。筆者在同年十二月，與赤坂淨苑館長兼傳燈院副住持會面。

以下就是我對他的採訪內容。從中可以看出地方寺院凋零的狀況，與在都市經營寺院的風險。

問：貴寺從以前就在赤坂了嗎？看了這些設施，給人一種富裕都市寺院的印象。

館長答：我們是現任住持已達第四十四代的古剎，主寺位於石川縣金澤市。一九八八年（昭和六十三年），我那個在家修行的叔叔奉命擔任住持，當時金澤的傳燈院是無住（空寺）狀態，檀家只有三十戶左右，正殿傾倒，還用棍子撐著。他在當地活動了一陣子，但靠那些檀家的數量終究活不下去。（譯註：「無住」即沒有住持。）

於是，我叔叔便往東京元麻布發展，計畫興建分寺。一九九六年（平成八年），麻布淨苑在六本木 Hills 附近落成了，那裡以置物櫃式的納骨堂為特色，大約有一千五百個櫃位。現在都市裡的置物櫃式永代供養墓持續增加，傳燈院可說是先鋒。

問：在赤坂這裡興建納骨堂的來龍去脈是？

館長答：落成是在二〇一三年，這次由我擔任館長。這裡從東京 Metro 的赤坂見附站徒步只要兩分鐘，立地條件很好，而且還擁有自動搬運式這種最新設備。

在這裡可以進行符合都市生活型態的供養，不需要像一般的墓準備鮮花或線香，也不需要打掃，使用者在晚上九點之前都可以來參拜。下班後也能隨意來掃墓，就是這裡的魅力。

問：價格是？

館長答：基本價格是一櫃位一百五十萬日圓，其中包含永代使用、供養費、銘板雕刻和授予戒名等費用，預計全部有三千七百個櫃位可販售，現在（二〇一五年十二月）大約賣出了一千個櫃位。

問：販賣和廣告似乎是由民間企業來進行？

館長答：是的，我們委託「長谷川」販賣，根據契約內容支付佣金。

問：目的是？

館長答：在泡沫經濟時期以後，大規模墓地陸續在都市近郊登場，沒有墓的非長男夫妻，以及想從鄉下改葬到都市的人都來購買。但是隨著守墓者年紀漸大，要親自前往郊外非常辛苦。

現在，從郊外型戶外墓地改葬到都心大樓型永代供養墓的例子，越來越多。據說在二〇一五年時，都內置物櫃式和自動搬運式的永代供養墓大約有七萬個櫃位，社會需求的確正往近代設備的永代供養集中。

隨著核心家庭化與少子高齡化加劇，供養方式起了很大的變化；寺院如果不配合社會大眾的需求，就活不下去。

問：但是，你們卻被東京都課稅了。

館長答：在我們作為宗教法人申請不課稅之後，東京都進行調查，並通知我們調查結果為「不視為宗教活動」，然後就針對納骨堂的不動產，以及其他宗派僧侶前來供養時使用的副正殿，要求我們繳納一年約四百萬日圓的固定資產稅和都市計畫稅。

宗教法人有些部分不須課稅，像是由宗教活動產生的所得免繳法人稅，以及宗教設施之類的不動產可免繳固定資產稅與繼承稅；然而這個設施卻被判定為「不符合」不課稅的條件。

問：理由是？

館長答：一個是不分宗派和宗旨地廣為接受許多使用者，另一個則是我們委託民間企業「長谷川」幫忙販賣。讓其他宗派僧侶來誦經的副正殿，也被視為「等同於外借場地」而遭到課稅。

順便一提，位於元麻布分寺的無宗教置物櫃式永代供養墓，直到現在仍然被視為不須課稅。置物櫃式不課稅，搬運式卻要課稅，這道理我實在不懂，是因為最新型所以要課稅嗎？

問：所以你們下定決心提起訴訟了？

館長答：關於不分宗派一律接受這一點，全日本無宗教靈園的墓地都不用課稅。我認為廣為回應往生者和遺族的供養需求才是宗教行為。

我那身為住持的叔叔說：「這是時代潮流啊，如果繳出去的稅金會用做公益的話，那也只能繳了。」假如官方對採取相同模式的宗教法人全部一起課稅，我還能理解，但是現在這樣是不公平的。

一年四百萬日圓的支出並不小，我們一年收取一萬八千日圓的維護管理費，但已經有部分使用者開始發出「擔心會漲價」的聲浪了；所以即使被課稅，也不能把那部分轉嫁到費用上吧！

為了能讓使用者舒適地使用這裡的空間，我們放了咖啡底壺，還配置了五名工作人員。我很煩惱今後是否還能提供這樣的服務。在這種情況下，即使不是出自我的本意，但我們還是在二〇一五年七月對東京都提起異議，向東京地方法院提起取消課稅的訴訟。我非常擔心，視法院的判決而定，這次的宗教課稅潮流可能會波及全日本。

我在採訪傳燈院之後，也詢問了東京都主稅局，負責人說「我有義務守密，不能針對個別案件回應」，但還是作為一般論做出了如下回答：「關於該法人是否適用免課固定資產稅，我們會一件一件確認，並判斷它是否符合地方稅法第三四八條第二項三號的『《宗教法人法》第三條規定之宗教法人專門提供給原始用途的境內建物及境內地』。所謂的『原始用途』，按規定是要用作『推廣宗教教義，舉行儀式行事以及教化、育成信徒』。當宗教法人『沒有把設施用作原始用途』時，就會成為課稅對象。」

二〇一六年五月二十四日，東京地方法院公佈了傳燈院與東京都爭訟的結果，判決內容是駁回傳燈院的告訴。首席法官指出：「傳燈院的納骨堂有實施非傳燈院僧侶舉辦的法會，不但不分宗派，還招募使用者並收取設施使用費。」我整理了一下，似乎是根據下面這些理由來課稅：

①跳脫了舊有的檀家制度框架，不分宗教與宗派地受理納骨；②將大樓正殿和供養空間收費出借給其他宗派的僧侶；③由民間業者（以傳燈院和太宗寺來說，就是大型佛壇販賣商長谷川）負責進行業務和公關宣傳；④藉由收容數千具大量遺體獲益。

有趣的是到目前為止，自治體、國家和法院都認為遵守「檀家制度的框架」才是宗教行為；換句話說，他們認為透過在地域扎根的寺檀關係來進行「面對面供養」，才算是宗教行為，相反地，沒有締結寺檀關係的「無宗派個別供養」，並未被課稅當局視為宗教行為。

據說，這種自動搬運式納骨堂的數量，如今在都內總共有十家，到了二〇二〇年，這種大樓型納骨堂的數量將會倍增。

其實，赤坂淨苑還面臨了比課稅更嚴苛的問題。

現在赤坂淨苑隔壁正在興建另一棟自動搬運式納骨堂，由以別稱「赤坂不動」廣為人知的真言宗智山派威德寺營運。與傳燈院不同，威德寺是一六〇〇年（慶長五年）就建在這塊土地上的當地古剎。

二〇一六年十二月，名為「赤坂一木陵苑」的自動搬運式永代供養納骨堂完工了，地上六層、地下一層，總建築面積達三千又二十五平方公尺，規模是隔壁赤坂淨苑的兩倍以上，共有八千個櫃位。販售則交由從事靈園事業的大型民間公司「NICHIRYOKU」。繼赤坂一木陵苑之後，這家公司也預計要在名古屋開設一萬櫃位規模的自動搬運式納骨堂。

在赤坂見附展開的「無仁義二對二之戰」。

根據該公司網站上的「社長通訊」專欄，他們在赤坂與名古屋兩處的銷售手續費，每月可望有一億日圓以上的收益。社長寺村久義在網站上展露出自信：「我的信念就是，既然是價格公道且供養滿載的商品，顧客就會自動上門。」

在赤坂，圍繞著納骨堂的商機，「曹洞宗傳燈院＋長谷川」VS「真言宗智山派威德寺＋NICHIRYOKU」的「無仁義二對二之戰」即將展開。

與墓相關的構想與麻煩

永代供養墓的形式不只是置物櫃式和自動搬運式的大樓型納骨堂而已，視住持的發想而定，有著各種類型；像是把空間設計現代化，或是花心思在慰靈空間等等，陸續出現具有特色的墓，它們的共通點就是「個別」埋葬。

屋外型墓地也起了變化，有著稱為夫婦墓、個人墓或迷你墓的類型。從前的家墓至少需要一平方公尺左右的土地面積，但這種迷你墓只要三十公分見方（零點零九平方公尺）的空間就行了。

這與大樓型納骨堂一樣，也屬於永代供養的範疇。以收容獨居者或夫婦兩人為前提，當最後一人進去經過一定期間（十七回忌或三十三回忌），就會移到合祀墓。

位於東京都新宿區的淨土真宗南春寺開發了一種個人墓，是在設置於屋外墓地的石製台階上，放置刻有俗名的石盤；石盤底下有納骨空間，可收容的期間依照不同費用而分為五年、十年、十五年和二十年等四種期限。期滿時就會取出遺骨，埋葬在建造於地下的合祀空間。雖然有使用限制，但初始費用只要二十萬日圓，和同樣位於新宿區的家墓比起來，由於空間較小，所以價格也更便宜。

位於關西衛星都市大阪府守口市的日蓮宗本性寺，其水晶製的永代供養迷你墓（可複數納骨）顛覆了墓的常識，為邊長三十與四十公分的小型尺寸，可以用雷射在上面做戒名或佛像立體雕刻，據說這種水晶玻璃墓已經註冊商標。雖然是屋外型的墓，但仍然不分宗派地受理納骨，初始費用大約一百五十萬日圓。這可說是個考慮到女性喜好的構想。

樹葬（散骨）以「回歸自然」的形象大受歡迎，雖然名稱中有「葬」字，但也可以視為永代供養的一種。一九九九年（平成十一年），臨濟宗的知勝院買下岩手縣一關市一處荒廢的里山，據說是他們最早開始從事樹葬的。靈園的面積約有兩萬七千平方公尺那麼廣大，其概念為「化為花朵的佛」。（譯註：「里山」即介於人類住處與原始大自然之間的山，可能包含社區、農業或定期依序採伐的次生林。）

這裡的特色是完全不使用墓碑或骨灰罈等人工物品，在山上挖洞埋下遺骨，並且在上面種植山杜鵑或蝦夷紫陽花等灌木來代替墓碑，遺骨總有一天會與大自然同化。這裡不分宗派地招募使用者，使用費是五十萬日圓，另外還需要繳交一年八千日圓的會費。

千葉縣君津市圓明院的櫻樹葬與這種類型很相似。二〇一五年，住持鈴木敞道開始在院內一角實施使用枝垂櫻的「櫻樹葬」。寺方準備了兩種方案，一種是將不特定多數往生者埋葬在同一處，另一種則是可以和家人埋在一起。

以個別葬來說，會把磨成粉狀的遺骨撒在枝垂櫻小樹的根部。遺骨就此花一至兩年的時間成為櫻樹養分，回歸大地。之後櫻樹和泥土會移植到院內其他地方，每年春天都開滿了花，逐年成長為大樹。換言之，就像是一種輪迴轉世成櫻花的概念，或許可以算是終極的佛教式埋葬法。為了不讓往生者的存在完全消失，一部分遺骨會收容在附有銘板的迷你墓裡。這樣的樹葬，或許是顧慮到還留在世上的遺族吧！

上述這兩家寺院的差異只在於，永代供養的墓碑「是石頭還是植物」而已，但這樣經營「回歸大自然」的樹葬還是很罕見的；常見的樹葬是在靈園墓地一角設置樹葬區，樹幹下面埋了大型鐵桶，然後把裝進布袋的不特定多數遺骨逐一收藏在鐵桶裡。

在這種情況下，懷抱著「將遺骨撒在山野，回歸大自然」觀念的人就要失望了。鐵桶中的遺骨是不會回歸大自然的。然而，為什麼不能任意把遺骨撒在山野裡呢？

第一章寫到，根據墓地埋葬法，可以埋葬遺骨的地方只有墓地（靈園）；現在根據舊厚生省的規定，可以埋葬遺骨者（可以建造或經營墓地者），只有宗教法人或地方公共團體。個人若擅自埋葬遺骨，將會被處以遺棄屍體罪（三年以下徒刑），因此把遺骨埋在自家庭院或山林裡是違法的。

其實，散骨在墓地埋葬法上屬於灰色地帶，法律雖然沒有散骨的相關規定，但國家在一九九一年（平成三年）對散骨做出以下的見解：

「作為埋葬和祭祀的一環，只要有節制地進行散骨，就不構成刑法第一九〇條的遺棄屍體罪。」（法務省）

「墓地埋葬法原本是以土葬為對象，並未考慮到像散骨這樣的葬法，所以在法律規範之外。」（舊厚生省）

現行法律終究無法因應散骨，「只要有節制地進行，就睜一隻眼閉一隻眼。」這裡所說的「節制」是：①在靈園中既定的樹葬區域，按照靈園的規定埋葬；②若是回歸大自然的散骨類型，必須把遺骨磨成粉狀；③不與陪葬品一起埋葬；④要顧及附近居民感受。

這裡要注意的是「②必須把遺骨磨成粉狀」，如果把一塊塊遺骨撒在土壤表面或土中，就會被誤以為是「遺棄屍體」，同時也不能排除有人利用散骨區域來犯罪的可能性。

所以遺族在散骨之前，必須用鐵鎚之類的工具敲碎遺骨。雖然有些業者或寺院有碎骨機，但筆者見過的多數碎骨機都是業務用的咖啡磨豆機，純白色的遺骨粉末還會沾附在迴轉的刀刃上，常有遺族因此在精神上產生動搖而放棄碎骨。

海洋散骨也一樣。這是一種租借船隻，將遺骨撒在近海的服務，散骨地點可配合需求而有各種選擇，除了東京灣內，還有迪士尼樂園近海、相模灣、大阪灣、伊勢灣與瀨戶內海等等。

但是如果在近海散骨，又會產生別的問題，也就是當地的漁業相關人士反彈。散骨者或許抱著「融入大自然」這種壯闊的浪漫情懷，但從漁夫的角度來看，這不外乎是風評被害的元凶。尤其東京灣是頻繁實施散骨的海域。人骨其實是成了東京灣魚貝類的飼料——這樣想像會太過火嗎？（譯註：「風評被害」意指因風評帶來的經濟損失。）

靜岡縣伊東市在二〇一六年一月發表了「海洋散骨相關指南」，是該縣內繼熱海市之後的第二例。指南中明文記載：①不能在距離伊東市陸地六海里（約十一．一一公里）以內的海域散骨；②為了保護環境，不能在海上撒下無法回歸自然的物件（金屬、塑膠、玻璃與其他人工物質）；③公關宣傳時，不能使用「伊東近海」或「伊東市的地名」等令人聯想到「伊東」的詞句。

也有自治體禁止散骨這種行為。曾有NPO團體到埼玉縣秩父市，在沒有獲得成為靈園許可的山野散骨；以此為發端，秩父市便修訂條例，禁止在靈園以外的地方散骨。除此之外，北海道岩見澤市和靜岡縣御殿場市等地也制定了限制散骨的條例。以上全都是以業者或遺族「沒有節制地散骨」為發端。

以個人為單位、無宗教式永代供養納骨堂、小尺寸個人墓、散骨……這樣看來，柳田國男歌頌的「對於成為祖先的堅持」，似乎已經完全消失在現代社會中了。

不過，另一方面卻也看得見人對遺骨的執著。最近出現一種稱為「手邊供養」的服務。這種服務是把遺骨放進迷你尺寸的漂亮骨灰罈裡保存，或是把遺骨加工成人造鑽石的首飾。其實，墓地埋葬法沒有禁止將遺骨放在自宅，特別是在古老的佛壇，經常有人把死亡胎兒的遺骨放在小壺內，擺放在佛壇上。

遺骨首飾主要有兩種。

一種是從遺骨、遺灰或遺髮中抽出碳元素，藉由高熱高壓做成人造鑽石，再製成項鍊或戒指；另一種則是把遺骨的一部分收納在墜子裡面。無論哪一種都需要數萬日圓，貴的話則是數十萬日圓，最近開始還可以透過網路來申請這類服務。

像這樣把少量遺骨留在手邊供養的行為，主要是因為散骨的流行。要是把遺骨全部撒在海裡，就沒有地方供養往生者了，而且也有些親人反對散骨；在某種意義上，這種手邊供養可算是現代風的分骨。

不過，我不太建議大家執著於遺骨，透過週年法會或掃墓，分階段緩和對往生者的思念與悲傷，就是日本人從古至今的供養方法。這種執著於往生者的手邊供養，讓筆者忍不住產生異樣感。

與往生者關係親近的人，或許會想要把遺骨片刻不離地放在身邊，但關係越遠，「手邊的遺骨」就會變成越麻煩的存在。結果，當首飾的主人過世，遺骨就沒有人供養了。

到這裡為止，我們全面性地檢視了現代的永代供養形式。不僅富有特色，費用和機制也簡單明瞭，可說就是永代供養墓的特點。然而，隨隨便便就被吸引過去是很危險的。事實上，就是有人未經查詢，只憑想像就尋求永代供養墓而失望，因而衍生出麻煩。

人對永代供養有著「可以永遠受到供養」的誤解。原則上，永代供養墓的概念是把不特定多數的往生者埋葬在同一個地方，只要持續繳納會費就能受到供養。換句話說，這和同族墓不同，缺少一族的守護，所以無法保證死後是否能一直受到供養。

讀者對於樹葬或海葬是不是也只憑想像，誤以為死後能夠回歸大自然呢？也有些遺族在親臨散骨現場之後，面臨理想與現實的差距而感到困惑。都內某寺院的住持說：

「曾經有人才剛買了大樓型的永代供養墓，結果又說『還是普通的墓好』，然後重新埋葬一次。」

筆者採訪過多家這種最新型的永代供養墓，自古延續下來的埋葬文化如今正處於過渡期，新的埋葬方式接連出現。社會的需求就在這裡，這是正確無誤的事實。但是我們必須思考，自己是為了什麼而造墓、供養，要是迷失了供養的本質，把選墓當作「單純的購物」，這可是非常冒險的。唯有對自己的祖先心懷感謝並加以懷念，才能算是正確的供養吧！

浮在日本海上的散骨島

日本唯一的「喪葬之島」

隱岐諸島位於島根半島北方四十至八十公里的海面上，由大約一百八十個群島組成。引起日韓之間不斷對立的竹島，在行政劃分上也屬於島根縣隱岐郡。

隱岐成為有人島的歷史相當長，據說從繩文時代以前就有人居住。隱岐也是用於石器的黑曜石產地，還擁有約西元前五千年前的遺跡。

島上自古以來就有自然信仰扎根，至今仍然延續許多祭神儀式。這裡在中世紀是流放之地，後鳥羽上皇與後醍醐天皇被流放到這裡來的事情也很有名。

隱岐群島有四座有人島，面積最大且呈圓形的是島後（隱岐的島町），再來是由西之島（西之島町）、中之島（海士町）與知夫里島（知夫村）三個島組成的島前。隱岐群島海岸全域都被指定為國家公園，幾乎看不見任何近代的人工物，真是個悠閒的島。

中之島裡有個叫做「藤蔓島」的無人島，從上空俯瞰呈葫蘆形狀。由於整座島都被藤蔓（攀緣植物）覆蓋，不知不覺就有了這個名字。島嶼面積大約八百坪，是搭船三分鐘就能繞島一周的大小。包括藤蔓島在內的一帶，被指定為大山隱岐國立公園的第一種特別地域，不允許任何人工建造物，因此島上沒有建造固定的棧橋，通常無法搭船出入。（譯註：根據日本的《自然公園法》，國立公園的特別地域分為三種，其中第一種特別地域為當地景觀最急需保護的區域。）

某位島民說：「我知道那裡有無人島，但不知道還有著藤蔓島這樣的名字。頂多就是偶爾會有島民去捕海螺吧，不過大家在這十年左右都知道這座島了。」

散骨島——整座藤蔓島都成了散骨聖地，也就是「喪葬之島」。在日本除了藤蔓島以外，就沒有其他散骨專用的島了。二〇一六年（平成二十八年）九月，筆者和散骨參加者一起拜訪了這座島。這天來散骨的只有兩組人，共計六名遺族。據隨行的業者說，這次的參加者比較少，不然每次平均有六組參加，多的時候甚至有二十組人前來散骨。

其中一位參加者是住在島根縣出雲市的花田良子（五十四歲，化名），她在丈夫陪同下，抱著三個月前過世的母親遺骨來到這裡。花田決定要在藤蔓島上散骨並聯絡業者，是短短半個月前的事情。島上只有每年春天和秋天會舉行散骨，錯過就要等到半年後，於是花田下定決心要參加。

花田的母親是在高齡者設施過世的，並非母親本人生前希望散骨，而是花田的想法，原因是母親晚年信仰基督教。「媽媽臨終時枕邊就放著聖經，之所以堅持要散骨，是因為我想用很基督教徒作風的方式送媽媽走。我知道基督教的觀念中有著人死後魂魄會前往天國，肉體則回歸大自然的理念。雖然我和丈夫都不是基督教徒，但我認為散骨是送走媽媽最好的方式。」

由於丈夫調職的關係，花田過去曾經在隱岐的島後住過兩年；現在在藤蔓島上散骨，讓她感受到了「緣分」。花田原本是考慮海洋散骨，但任憑她上網找遍了，也還是找不到當地業者。如果想在島根縣近海散骨，就只能把東京業者的出租船開到日本海來。

「這樣一來，費用就會很高，而且我總覺得海洋散骨業者散發出銅臭味。此外，我也知道海洋散骨在當地引發了各種問題，開始煩惱業者會不會好好地幫忙散骨；正在思考要選擇哪家業者時，我得知了隱岐的散骨。」藤蔓島上的散骨和樹葬很接近。不過，由於被藍色大海圍繞的無人島成了「墓碑」，因此遺族在心情上或許近似於海洋散骨。

我也訪問了另一組參加者。

田畑善子（六十八歲，化名）住在島根縣江津市，丈夫在二〇一五年（平成二十七年）十二月因癌症過世。這次的散骨活動，由她和女兒、女婿，以及三歲的孫子共計四人前來參加。過世的丈夫來自當地的海士町，由於丈夫是三男，所以無法埋進島上的一族墓。與病痛搏鬥的日子很長，但由於「墓的事情」會讓人聯想到死亡，所以她並未向丈夫提起。

田畑說：「我考慮過要不要在我老家的菩提寺造個新墓，好讓我和丈夫葬在那裡。

但因為我女兒和女婿是轉調族，也不好要求他們幫忙管理。我也考慮過購買永代供養墓，但是要不斷繳交管理費又很麻煩。而且，無論是一般的墓或永代供養，到頭來都還是沒有人守墓，會成為無緣佛。因此我就找十個熟人商量了，有四個人的意見是『我自己會選擇散骨』。得知散骨在這個時代已經這麼普遍之後，我的心情就痛快多了。可以把整座島視為一塊會永遠存在的墓，即使採取散骨也有地方供養往生者，這樣很好！」

然而，散骨讓田畑猶豫的是碎骨的步驟，也就是散骨前必須把遺骨磨成細緻的粉末。花田在散骨前，用了海士町火葬場的自動碎骨機；田畑則因為遺骨是長年一起生活的丈夫，所以怎麼樣都不願意親臨碎骨現場，最後利用日本郵政寄出丈夫遺骨給業者碎骨。

我們這天早晨朝散骨島出發，頭上是一片寬廣藍天，海面風平浪靜，是登島的絕佳時機。花田和田畑兩組人馬搭上業者從港口租來的漁船。出航後五分鐘，就看見前方有一座草木繁茂的小島——藤蔓島，它被熔岩斷崖包圍，一眼就可看出平時是座人無法進入的島。

現場為了這一天搭建了浮動棧橋，登陸之後，可以看到前往島嶼上部的散步步道相當完備。爬到步道最高點的森林就是散骨的地方，不經意一看，發現那裡放著一尊地藏菩薩；散骨場的木板道很完備，但附近幾乎沒有動過，維持自然樣貌。

參加者隨著業者指示，開始在既定區塊內撒下遺骨。散骨後，泥土上就像積雪一般變得雪白，不過一年後就會和土壤同化了吧！上次撒的遺骨已經變成土色了。把視線移到數年前散骨的地方，發現那裡被棣棠花之類的草木覆蓋，給人完全回歸自然的印象。往生者隨著時間，逐漸化為隱岐島的一部分。

一行人散骨後用長柄杓子澆水，雙手合十後就離開島上。島的對岸設有慰靈所，從慰靈所可以看到像個倒蓋碗的藤蔓島就在前方。無法登島或是個人想要進行供養時，就可以從這裡朝著島上合十拜拜，慰靈所成了「墓前」。

兩組遺族敘述了如下的感想：

「能夠好好地替母親散骨讓我感到安心，事情總算告一段落。回想起來，母親的死成了契機，讓我第一次開始思考死亡和墓的事。最近我們夫妻也經常討論要如何度過餘生。我覺得透過送走母親，我們自己也開始積極摸索生存之道了。」（花田）

「隱岐就在我居住的江津市對岸。總覺得如果朝著日本海吶喊，聲音好像能傳到丈夫那裡。經歷過今天這一天，我死後也想要選擇散骨。」（田畑）

散骨暗藏的問題

負責管理藤蔓島上散骨事務的，是東京都板橋區火葬場「戶田葬祭場」的子公司，其公司名稱也叫做「藤蔓」。戶田葬祭場集團廣泛發展喪葬事業，除了「藤蔓」之外，還有火葬爐製造商「日本爐機工業」，以及從事寵物葬的東京動物靈園等等。他們抓住了散骨的潮流成立「藤蔓」，該公司以「友善地球環境的散骨」為目標。

「由於藤蔓島是國立公園，將來不會開發，在此散骨可說是一種永保安寧的終極葬法。」「藤蔓」的社長村川英信如此說明。據說到目前為止，已散骨的遺骨超過一百具。不過，是什麼樣的契機讓這座偏僻島嶼成為散骨地點呢？

村川說明道：「當時，公司董事當中有人來自隱岐。二〇〇一年（平成十三年），這位董事提議員工旅行來到隱岐。當我們坐船繞著當地時，他低喃著說：『死後想在故鄉隱岐長眠。』同行的我們也一起討論說：『如果是在無人島散骨，散骨的問題就可以改善許多，似乎可以實現接近理想的散骨。』就在聊天過程中，我們的構想逐漸變得具體。」

當時，社會大眾才剛開始認識散骨。抱著「死後回歸自然」的觀念，想要散骨的人接連出現。至今，散骨仍然是個有著各種問題的葬法，主要有兩種類型，分為「在山野散骨（地上型散骨）」和「海洋散骨」。

稱為「樹葬」或「自然葬」的地上型散骨，只允許在靈園內設置的特定場所散骨，如果個人擅自把遺骨撒在靈園以外的山野等地，很可能會違反《刑法》第一九〇條所規定的遺棄屍體（遺骨）罪（三年以下徒刑）。如果是樹葬，一般來說是在靈園一角種植樹木，把遺骨逐一放進大型鐵桶中。這大大背離了「回歸自然」的概念，常有遺族因此失望。

另一方面，海洋散骨的確是一種「回歸自然」的葬法。追溯海洋散骨的歷史，據說最早是由「NPO法人 喪葬自由促進會」於一九九一年，在靜岡縣近海的相模灘上實施。經常有名人實施海洋散骨而成為話題。

近年，於一九九六年過世的漫才師橫山靖是個超級賽船迷，因此死後便把遺骨撒在廣島縣宮島賽船場的海裡，同年還有女演員澤村貞子與其身為電影導演的丈夫大橋恭彥也進行海洋散骨。一九九八年，搖滾樂團 X JAPAN 的吉他手 hide 自殺，一部分遺骨隨著洛杉磯近海流走。二〇一一年過世的落語家立川談志生前就希望散骨，隔年將骨灰撒在夏威夷的海上。在日本，海洋散骨是由藝人率先實行，但真正普及卻是這十年左右的事情。

在國外，中國前總理周恩來與建構出相對論的愛因斯坦博士，他們的骨灰都是撒在海裡或河裡。國外很早以前就開始實施散骨了。其實，海洋散骨的需求並不如地上型散骨成長那麼多。最大的原因是，海洋散骨會讓遺族沒有地方可以祭拜往生者；另一個不太受到大眾支持的原因則是，長久以來都有人指出在大海散骨很可能違法。

在一九四八年（昭和二十三年）制定的墓地埋葬法中，完全沒有把遺骨埋葬在海洋的相關規定。這單純是因為立法時並未把海洋散骨考慮在內，所以沒有附加在條文裡。儘管墓地埋葬法並沒有規定，也不表示就可以自由地把遺骨撒在海裡。若不遵守一定的規則，還是有可能觸犯《刑法》的遺棄屍體罪。

一九八七年（昭和六十二年），已故男演員石原裕次郎要散骨一事，引發了不小的議論。當時他擔任眾議院議員的哥哥石原慎太郎，在告別式上發言說：「我弟弟熱愛大海，我想讓他的遺骨回歸到湘南海上。」然而，法務省指出這樣做有法律問題，又基於其身為國會議員的身分只好放棄。

如前所述，散骨的法律解釋出現在一九九一年（平成三年）時。「喪葬自由促進會」在同年實施第一次散骨時，法務省刑事局做出了這樣的見解：「只要是以埋葬為目的，並且有節制地進行，就不算是遺棄屍體。」此外，厚生省（當時）也表示：「墓地埋葬法並沒有限制散骨。」一度被擱置的石原裕次郎遺骨，在法務省與厚生省的這些判斷下，後來終於得以散骨。

有了法務省與厚生省的見解，散骨的法律解釋姑且是有了結果。

然而，後來有不肖業者做出違法行為，無視居民感受的散骨越來越橫行。尤其在作為地上型散骨場的地區，居民的反彈更是大爆發。此外，也有在近海作業的漁夫基於「會遭受風評被害」，而反對海洋散骨。

在散骨接連發生問題的背景下，國家開始進行管制。一九九八年（平成十年）六月，厚生勞動省的懇談會擬出一份「必須針對實施地點設下一定規範」的報告書。

海士町特有的共存共榮

在產生這些迂迴曲折的散骨相關問題時，藤蔓島的散骨事業開始了。以「藤蔓」而言，難道沒有引發居民反對嗎？負責人這麼說：「當然也有島民持反對意見，但絕大多數都表示歡迎。事實上，海士町當地就贊同並協助我們。當地的町長和村長也曾出席二〇〇六年的開幕式。」

海士町的町長山內道雄答應了採訪。

山內是知名的「地方創生」（編註：振興地方經濟）旗手。二〇一四年，首相安倍晉三在表明信念的演說活動上，以海士町作為地方創生的模範，並且說：「『沒有的就是沒有。』這句話在浮於隱岐之海上的島根縣海士町，變成了招牌標語。意思是這裡沒有都市的便利，但有關海士町未來的重要事物，全部都在這裡。透過活用『只有這座島才有』的東西，取得了莫大的成功。」

就是山內把海士町導向了首相所說的大成功。在山內就任町長的二〇〇二年，海士町與北海道夕張市並列，淪落為財政再建團體。這個町一年的預算只有四十億日圓上下，但一九九九年卻負債一百零二億日圓。就連人口減少的現象都無法遏止，海士町在終戰後約有七千名人口，但到了二〇〇〇年就減少到二千六百七十二人了。

就任町長之後，山內活用過去在ＮＴＴ任職的經驗，大膽地推動行政、財政改革與新產業創出。例如削減自己和町職員的薪水，把藉此籌措出來的財源用作生產和育兒基金；還建立「島留學制度」，把町裡的高中培養成升學學校；並將岩牡蠣與隱岐牛變成品牌，成功吸引年輕人到島上來。相較於現在的二千三百人的人口數，過去十年間從島外搬來的人口超過五百人；海士町作為地方創生的模範，受到全日本的注目。

關於散骨島的構想，有很大一部分也是因為山內的決定。

「外來者」收購整座島，開始從事散骨事業，全日本各地都可見到反對散骨場的聲浪，藤蔓島的散骨事業中，隱藏著很可能會重蹈覆轍的危險性。然而，山內卻很冷靜地看待藤蔓島的散骨事業。

「當初散骨的議題浮上檯面時，有一部分漁夫說『會發生風評被害』，似乎是誤以為要將骨灰撒在海裡。不過，這也很快就平息下來了。祭祀祖先的重要性深植在我心中，現代社會已經到了一個守不住墓地的時代。我認為，藤蔓島上的散骨是一種現代型供養形式，但我完全不是為了促進島上經濟才同意散骨島；假如有人前來島上散骨，的確會為町帶來金錢收益，但那只是結果，絕對不可以用來當作手段。散骨島對町來說不會有壞處，因為可以藉此讓大眾認識海士町，讓本來沒有緣分的人將來到海士町。對海士町而言，來散骨的遺族就像是親戚，藉此連結往生者和活人，這種看不見的觀念才重要。」

當地幾乎沒有發生反彈，並不是因為町長打壓反對勢力。據說，把藤蔓島變成散骨島一事，曾在町議會協商並達成共識。藤蔓島的例子，似乎與其他地域引發居民反對的情況相當不同。

另一方面，業者也在顧及居民感受的前提下，慎重地進行營運。「藤蔓」不但從地主手上買下整座島，一邊合法地保護大自然一邊散骨，還限制遺族一年只能登島兩次，並且不在島內興建散步步道以外的建造物。從這些地方就看得出業者很慎重。

此外，居民之所以支持散骨還有更大的原因，那就是可以招來觀光客。儘管山內說「並非為了促進島上經濟」，但推動散骨事業對町來說好處不少。靠著山內的行政和財政改革，海士町的財政健全化與遏止人口減少得到了一定效果；但是町還有其他問題尚未解決，也就是觀光對策。隱岐整體的觀光客人數正在逐年減少，住宿設施在十年前有一百一十家，但現在驟減大約一半，只剩六十家左右。假如有越來越多散骨者或掃墓者從島外來到海士町，很有可能振興面臨寒冬的觀光產業，或許可以多少阻止島上人口外流。

隨著島上人口減少而增加的是「廢墓」。去到大都市的子女也把年老的父母帶去，並且在這時整理祖先的墓。若故鄉沒有墓也不必再掃墓的話，他們就不會花高昂旅費回到故鄉；已經廢墓的島民，不可能再回到島上來。近幾年，海士町 I-turn 和 U-turn 的現象增加，島上人口外流的情況趨緩，但還不至於有回升的傾向。（譯註：「I-turn」即從都市搬到鄉下。「U-turn」即搬到都市者再度搬回鄉下。）

現在，若居住於首都圈的人為十，在藤蔓島散骨的人約有六成是島根縣當地居民。「藤蔓」負責人「希望往後島民能夠積極地利用。」因此祭出給予島民或島上出生者大幅折扣的方案。島外人來散骨需要二十六萬五千日圓（旅費另計），但島民或島上出生者只要二十一萬日圓，出生於海士町當地者則是十九萬日圓。

透過「墓」這個手段，不就可以阻止人口外流嗎？如果故鄉還有墓，那麼故鄉就會永遠都是故鄉。散骨緊緊抓住了社會需求。透過這種嶄新手法，嘗試進行地方創生。遺骨在死後回歸大自然，人則回到故鄉——這樣的典範就在隱岐。

理想的墓在新潟

讓住持大開眼界的女性墓問題

如今已經不是能夠永遠守住墓地的時代，即使埋進了一族墓，一旦「家庭」消失，總有一天還是會成為無緣佛。加上現在是「寺院消滅」的時代。當寺裡沒有了住持，就可能再也無人供養，連許多歌頌「永代供養」的都市大樓型納骨堂也是，當人死後過了一定期間，就會將往生者合祀。

若希望留下墓的形式並永遠受人祭拜，選項相當有限。如果是本山等級的大寺院或觀光地名寺，衰退的可能性很低；考慮到這一點的話，或許能夠半永久地受人祭拜。

舉例來說，在真言宗的總本山高野山有個「奧之院」，是弘法大師空海圓寂的聖地。基於許多人「想要葬在弘法大師附近」的心願，這裡自古以來就建造了許多墓，從戰國時代的知名武將到現代人都有，數量據說超過二十萬座。

大量的生苔墓，在樹齡高達一千年的杉木林中並列著，那幅景象彷彿讓人看見了死後世界。奧之院一帶經歷了非常久遠的歲月，形成了死者居住的獨特空間；整座高野山都是墓，或許可以說，這裡才是能夠永遠長眠的地方。

然而現實是，要尋找往生者與遺族都滿意的墓非常困難。不過，當筆者持續採訪寺院和墓地的相關議題，多位相關人士異口同聲地說：「那間寺院的墓很理想，集合了一般家墓和永代供養墓的優點。」

「那間寺院」是指位於新潟市的日蓮宗妙光寺，妙光寺規劃了名為「安穩廟」的劃時代永代供養墓而廣為人知。安穩廟開設後經過了四分之一世紀，相繼有人表示「我們寺院也想導入」而前來視察。

說到永代供養，硬要說的話，它屬於都市型的埋葬與供養法。然而，妙光寺的地點位於從新潟市區開車南下一小時才會到的日本海沿岸沙丘地，那裡有著名為角田濱的聚落。

角田濱位於舊卷町（二〇〇五年編入新潟市西蒲區），講卷町或許會有比較多人知道。一九九六年（平成八年），這裡掀起了與建設核電廠有關的住民運動，是全國最早由居民投票決定是否建設核電廠的地方，結果由反對派取得勝利。這次住民投票的結果，對之後全國核電廠建地的相關社會運動起了很大的影響。

遠望右手邊的防風林，我在沿海公路上開車直奔。一片安穩的景色延續著，彷彿沒有發生過核電廠騷動一樣。視線彼端可以看到龜殼般的小丘，看起來也像座古墳。這就是妙光寺住持小川英爾，在一九八九年（平成元年）啟用的永代供養墓「安穩廟」。

永代供養的概念從江戶時代就存在了。此外，如前所述，一九八五年（昭和六十年）為了不繼承「家庭」的現代人，比叡山延曆寺大靈園的久遠墓地在「替您永代供養」的口號下開始販賣；以此為契機，完成了現代的「永代供養墓」定義。安穩廟是繼比叡山之後，全國第二座完成的永代供養墓。

住持小川說：「我也與核電廠反對運動有關。在那之前，也參加過反對興建產業廢棄物處理場的住民運動。參加核電廠反對運動時，保守派的檀家幹部這麼對我說：『如果住持參加那種社會運動，我們就不支持寺方，既不捐錢也不拿米來。住持只要誦經就好。』意思是說，如果僧侶從事社會或政治活動就要斷我們的糧。於是我就生氣了，心想必須建立一個機制，讓寺裡即使被斷糧，也能夠在經濟上獨立自主。這就是開辦安穩廟最原始的動機。」

當時，當地的檀家出身者相繼前來商討關於墓的事。其中一人是嫁到橫濱去的獨生女，她訴說道：「我丈夫前陣子過世了，我們只有一個女兒，不知道將來是否能守住娘家的墓，所以我想要一個可以一直受到供養的墓。」

小川感到疑問——建造無法由一族來守護的墓，有什麼意義？由寺院代為守護一族的墓，也是沒辦法的事情，不是嗎？

接著，一對已過中年的姊妹來了，兩個人都單身，同樣為了自己的墓而煩惱。她們說雖然有一族墓，「但因為哥哥夫妻要進墓，所以我們就不進去了。」這對姊妹也有著女性特有的墓問題。

許多日本人死後都被「家庭」制度束縛，長男一家可以埋進一族墓，次男以下則是離開「家庭」建造新的墓。這就是俗稱的「墓制度」。

墓制度始於一八九八年（明治三十一年）施行的舊《民法》規定：「族譜、祭祀與墳墓的所有權，屬於家督繼承的特權。」在舊《民法》之下，是由家督繼承人（一般都是長男）來單獨繼承包括墓在內的所有財產，許多地方農村至今依然延續著這個舊《民法》的習慣。

小川回顧自己的家庭——我有四個女兒，太太是兩姊妹中的長女，我哥哥的小孩也是三個女兒。儘管不會從男性視角察覺到，但許多女性都有墓的問題。這是全日本各地都會有的問題。

同時，小川開始疑惑寺院的職責——寺院原本必須透過管理墓地來讓檀家感到安心，然而寺院卻受到檀家制度的影響，執著於自古以來的墓制度。換言之，寺院豈不是帶給許多人不安嗎？

不允許「不合理」的小川，認為「這不能放著不管」。

切割墓與檀家制度

時值泡沫經濟時期，每個檀家都競相把錢花在墓上。

小川想道：「總覺得好空虛啊！就算花了幾百萬日圓，一旦『家庭』沒了繼承人，墓最後還是無人祭祀。日本的墓昂貴卻缺乏設計感，如果可以用一半價格打造出具有設計魅力的墓，應該會有人希望死後能夠進墓吧！因此我有了一個構想，為了減輕購入者的負擔，可以把分售安穩廟的附加利潤作為基金，將投資收益用來作為持續永代供養的資金。假設分售墓的收入有兩億日圓，光是它的投資收益，至少足以支付寺院的人事費用。」

當時幾乎不存在跨越宗派的永代供養墓，因此這是個劃時代的構想。但是，由於新潟人口減少日益嚴重，為了在此找到足以得到兩億日圓收入的簽約者，若僅限日蓮宗內的檀徒和信徒才能簽約，終究不可能達到目標。

因此，小川做好了被批評的心理準備，採取「跨越宗派會員制」的形式。會員沒有像檀家那樣的限制，檀徒和會員的差別在於，會員沒有義務要把法會或喪禮交給妙光寺進行。

購買安穩廟之後，會員和妙光寺之間的來往就開始了；假如會員想把喪禮交給妙光寺辦理，就會在這時成為檀徒。換句話說，這個構想不是歷來的「以成為檀家為前提而造墓」，而是反過來「透過造墓，讓會員選擇是否成為檀徒。」

此外，小川也更明確地將檀家制度轉換為檀徒制度。檀家是以由家庭來繼承為前提，但檀徒是個人契約，所以繼承人可以從檀徒恢復成會員。

現存佛教團體建造跨越宗派的墓，等於是挑戰宗派和地方寺院持續遵守的檀家制度，也可以預料到現有的檀家將會反彈。

「不出所料，當時我承受著來自宗派內的冰冷目光，並遭到孤立。」但是，小川有信念。跳脫檀家制度的框架會讓他產生緊繃感，使他努力不懈地讓妙光寺成為「人會選擇的寺院」，他相信這才是住持的本分，並推行安穩廟計畫。這在歷來的檀家中尤其得到年輕女性支持：「他瞭解女性的立場。」

安穩廟的設計與任何永代供養墓都不同，設計師是打造吹上御所和世田谷美術館的知名造園家野澤清。（譯註：「吹上御所」即日本皇居。）

小川回顧道：「那時候並沒有資金建造豪華的納骨堂，雖然可以選擇一般的供養塔便宜建成，但設計並不美。能不能不花大錢，又能靠那座墓來讓寺裡的空間產生附加價值？我思考著能不能建成這種劃時代的墓，然後透過熟人認識了野澤先生。」

小川和野澤見面，說明了安穩廟的理念。於是野澤這樣回答：「小川先生，你來得正好。我等你很久了。快看這個！」野澤拿了一張設計圖來，上面畫著他之前一直留存的永代供養墓構想。那座墓是野澤以「長眠在自己設計的墓」為前提設計的，設計圖上畫著一座宛如上個時代的「古墳型（圓墳）」墓。

這張設計圖以野澤過去設計所澤靈園時的構想為基礎，是當時的提案。野澤沒有小孩，一直擔憂自己早晚也會面臨墓的問題，所以絞盡腦汁想出了一座永久有人祭拜的墓；然而案主最後並沒有採用野澤的提案，設計圖就此束之高閣。

野澤說：「假如能讓我的遺骨埋進這裡（安穩廟），我就不收設計費。」野澤正是抱著「埋骨的心理準備」，參與了小川的事業。順便一提，野澤於二〇〇六年過世後，他的遺骨按照約定，進了安穩廟受祭拜。

野澤的設計實在很合理。圓墳周圍有一百零八個唐櫃（每個都是獨立的納骨室）包圍著，圓墳中心則建造了合祀用的供養塔。

就算沒有繼承人，直到十三回忌為止，遺骨還是會繼續收容在安穩廟裡。到了十三回忌之後，就會移到供養塔中合祀；雖說是合祀，但由於周圍被個人墓包圍著，所以永遠都是有人朝著墳墓中心膜拜的狀態。也就是說，安穩廟在結構上是處於半永久地被「夥伴」包圍的狀態，可說是個「不會無人祭拜」的永代供養墓。

寺院經營必須配合大眾需求

一旦簽約買下安穩廟的一個區塊（當時一個區塊為七十五萬日圓），之後就必須每年繳交三千五百日圓的會費。

一個區塊比想像中更寬廣，如果把遺骨放進布袋裡收納的話，大約可以容納十具。許多納骨堂都規定若遺骨數目增加，費用也會增加，但安穩廟即使複數納骨也是同樣的收費。更劃時代的是，墓的使用權不僅限於血親，即使是內緣或朋友關係也能繼承。（譯註：「內緣」意為有實質上的夫妻關係，但是在法律上並非夫妻。）

一般的墓地多半禁止埋葬親人以外的對象。這樣一來，像是 LGBT（Lesbian 女同性戀、Gay 男同性戀、Bisexual 雙性戀、Transgender 跨性別）的情況，就不能和伴侶一起進墓。在安穩廟簽約買下區塊的人，有權利根據本人意願來決定要和誰一起進墓；不是以「家庭」為單位，而是保證能和「喜歡的人」一起進墓。

小川說：「基於某些因素，有不少夫人死後不想和丈夫埋進同一座墓，這在這裡是可行的。」即使最後的繼承人過世，無人繳交會費，遺骨在這之後的十三年間也不會被移動。若是一般的永代供養墓，一沒繳管理費，大多會立刻把遺骨移到合祀墓。這個十三年不移動的構想，是源自一對在安穩廟興建中時來訪的夫妻。

那對夫妻彼此都是再婚。他們說：「我們生前能夠在一起的時間很短，希望至少死後有時間能夠一直在一起。」

小川說：「現代人越來越晚婚，也有許多人基於某些因素而在晚年結婚。我想要盡可能配合社會的狀況。」當初，小川的目標是用十年賣完一座墓的一百零八個區塊，最終花四十年的時間賣完四座（四百三十二個區塊）。然而當一開始販售，轉眼間就出現簽約者，第一座不到四年就賣完了。

由於已簽約的會員口耳相傳，第十二年就賣完四座了，比當初預計的大幅提早。之後，小川在其他用地增設了相同型態的小型安穩廟，數量增加到八百座。「不過，無論有多少人希望增設，我們還是不會再增設了。因為我們如今與會員或檀徒之間的關係已經相當密切，要是再增設就會變成賺錢第一，那就本末倒置了。因此，我希望全國都能出現繼承這種信念的寺院，並提供 know-how 給他們。」

然而，小川自嘲地說：「我至今仍然遭到教團的誤解。」老實說，小川的嘗試與檀家制度的方向完全相反。對傳統教團來說，守護「家庭」、繼承祖先是他們的生命線；各教團本部認為，一旦這條生命線斷了，就會危及日本佛教的存續。

「這是把檀家制度變回原本的檀徒制。」小川如此強調。

「我並非想要破壞檀家制度，只是想要再次精進檀家制度擁有的優點，並且向社會提出而已。就連企業也一樣，只有極少的組織能夠持續百年。至於NPO的歷史還很短，許多寺院都擁有三百年甚至五百年的歷史，擁有的社會信用具有相當大的價值。正因為我們是這種具有永續性的組織，永代供養才能生存下去。」

但小川另一方面也說：「我認為，鄉下寺院之所以衰退，原因並不只是地方都市人口減少與集中到都市。老實說吧，當人廢除地方的墓，移到大都市的納骨堂之後，他們就不會再變回寺院的檀家了。住在都市的人要尋求信仰時會進入新興宗教，要尋求供養時會把遺骨送進無宗教式大樓型納骨堂。那麼，無法吸引一度離開的檀徒和信徒的傳統教團，究竟算什麼呢？」

現在，傳統教團必須站在大眾的角度，來思考寺院的營運與供養方式。寺院執著於自古以來的墓制度，豈不是帶給許多人不安嗎？——小川的這句話，至今仍言猶在耳。

集結無數遺骨做成佛像

永代供養的起源＝沒有檀家的寺院

「永代供養」一詞並沒有一般的定義，依墓地管理者不同，永代供養的稱呼和種類也不同，例如永代供養墓、永代供養納骨堂、合祀墓、集合墓、合葬墓、共同墓、夫妻墓、個人墓……要舉例是舉不完的。不過，本書把這些全部都定義為「永代供養墓」。然而，永代供養中的「墓」和「納骨堂」，差別很清楚。墓基本上是建造在屋外，納骨堂則是以骨灰罈的形式安置在室內。

永代供養這個名稱，會讓人產生誤解。有許多使用者誤以為「永代＝永久」。墓地管理者（宗教法人或自治體）定義的「永代」，大多是指「有繳交會費（管理費）的期間」。尤其寺院墓地並不像不動產一樣，能成為可以買賣的個人財產，只是由墓地管理者授予「使用權」罷了。

要比喻的話，就像出租公寓一樣，如果沒有繳納管理費就得搬出去。無論是家墓還是永代供養墓，一旦「錢」和「緣」斷了，就會成為「無緣墓（佛）」。

前面提過，比叡山延曆寺大靈園的久遠墓地，是第一個「以個人為對象」的永代供養墓。不過，若說到把不特定多數遺骨放在同一個地方祭祀的「集合墓」和「合祀墓」，其歷史就很長了。

關於集合型永代供養墓的歷史，必須追溯到四百年多年前，京都市中京區的本能寺裡建有永代供養塔，供奉在本能寺之變中喪命的武士。此外，全日本各地都有祭拜戰國時代戰死者的合祀型供養塔，這也能算是集合型的永代供養墓。另一方面，如果想知道以一般市民為對象的集合型永代供養墓起源，就不能無視大阪府天王寺區茶臼山淨土宗一心寺的「骨佛」。

骨佛就是將無數遺骨磨成粉末，使其定型鑄成佛像。現在，一心寺安置了七尊骨佛（總計十三尊，但有些已在戰時消失）。在東北等地區有所謂的「即身佛」，也就是僧侶發願濟度眾生，活生生地埋進土裡，就此化為木乃伊，如同「大眾遺骨版即身佛」的，就是一心寺的骨佛。

筆者在二〇一六年（平成二十八年）春天，拜訪了一心寺的高僧高口恭行。

高口首先談論了該寺的成立：「從歷史上來看，一心寺是間很特殊的寺院。如同你所知道的，江戶時代有著幕府頒布的檀家制度，全國寺院都有檀家，並且替檀家管理墓地和戶籍。然而一心寺卻是特別寺院，並未被編入這種檀家制度。要追溯開始打造骨佛的背景因素，首先要知道一心寺過去並未被定位為檀家寺的史實。」

御施餓鬼之寺「一心寺」境內

一心寺發祥於平安末期的一一八五年（文治元年）。當時，原本身在京都的淨土宗開山祖師法然，在四天王寺管長的邀請下到了大坂，便在四天王寺境內的草庵「荒陵新別所」進行日想觀的修行，這就是一心寺的起源。「日想觀」是大乘經典《觀無量壽經》裡提倡的修法，也就是一邊拜著夕陽，一邊想著西方極樂淨土。（譯註：「管長」即佛教宗派的管理者。「大坂」為大阪的古稱。）

直到戰國時代為止，一心寺有段時間被人稱為四天王寺附屬的「源空庵」；由於是「庵」，讓人覺得並沒有被視為正式的寺院。

發生關原之戰的一六〇〇年（慶

長五年），德川家康的八男仙千代以五歲之齡夭折，其喪禮就在一心寺舉行。當時負責舉行法會的，是與家康同為三河出身的一心寺第三十一任住持存牟。

仙千代的喪禮成了契機，使源空庵受到家康的喜愛，並負責主持後續的法會。然後從四天王寺獨立出來，也正式確定境內地。（譯註：境內地為屬於神社或寺院的土地。）

在一六一四年（慶長十九年）大坂冬之陣時，家康把距離大坂城剛好一里的一心寺當作茶臼山的大本營，並負責指揮；一心寺就此處於幕府的庇護之下，作為一間沒有檀家、由寺社奉行直接管轄的特別寺院發展下去。（譯註：「奉行」為官職名稱。）

然而，隨著幕府力量在江戶末期衰退，一心寺陷入資金困難，寺社奉行的統治不再有效，便開始荒廢。瀏覽記錄一心寺起源的文獻，一八〇二年（享和二年）的記述中，有著「他宗之僧私闖無住寺之事」的記載。意思是說寺內沒有住持，淨土宗以外的僧侶闖入，讓寺院變成無法地帶。

幕府對一心寺失去了統治能力，因此不得不容許外部者出入，並正式允許庶民自由出入一心寺。基於這些背景因素，再加上一心寺原本就沒有檀家，並沒有引發太大的問題。

大坂在江戶時代是日本第一的商業都市。

商店和批發商林立，呈現一片盛況。來自各地方都市的貧窮家庭、身為次男以下的男子，到了大坂等商業都市來當學徒，支撐著大坂的商業。學徒一年沒有幾次回到故鄉的機會，為了代替故鄉的檀那寺，他們開始前往能夠自由出入的一心寺參拜。（譯註：「檀那寺」相當於菩提寺。）

大家開始相繼要求一心寺幫忙供養祖先。為了因應這些需求，一心寺從江戶末期開始承辦施餓鬼法會。「施餓鬼法會」是供養無人祭拜的亡魂與祖先亡靈的佛教儀式，通常在夏天盂蘭盆節時期舉行，但一心寺卻整年都在舉辦施餓鬼法會，是十分興旺的「御施餓鬼之寺」。

明治時代後允許信教自由，全國寺院與檀家之間的連結越來越弱。那些在江戶時代離開故鄉當學徒的次男已經定居在大坂，不會委託地方菩提寺來供養父母或自己的遺骨。因此越來越多市民認為，把遺骨帶進舉辦施餓鬼法會的一心寺就能獲得供養，而寺方也回應了市民的要求。

遺骨供養的傳聞漸漸擴散，骨灰罈開始從近畿圈聚集而來，連日有抱著骨灰罈的人蜂擁而來。一心寺跨越了淨土宗以外的宗派來負責供養，市民也對一心寺抱著很高的期待，一心寺成為「沒有去處的遺骨」收容處。

這個「來自地方者為供養遺骨而頭痛」的現象，至今也一模一樣。現在的永代供養最終是廢掉地方的墓，移到都市的永代供養納骨堂，其源頭似乎是一心寺的骨佛。一心寺開始收容眾多遺骨後，從一八六八年（明治元年）至一八八八年（明治二十一年）的二十年之間，境內的納骨堂已經滿了。

「納骨堂的容量到了極限」一事成為契機。當時的住持想到把遺骨轉而用作佛像。構想是粉碎遺骨減少體積，然後當作原料，塑形成淨土宗皈依的阿彌陀佛像。這實在是個嶄新的發想，藉由把遺骨做成佛像，除了遺族以外，還能持續受到當屆住持與參拜客供養。

以性善說爲出發點的供養收容處

放眼世界，以人骨為信仰對象的例子就只有一心寺（現在國內有好幾尊模仿一心寺做法的骨佛）。

高口說：「你知道『葬る（haumuru）』這個字的語源嗎？據說是源自『放る（hahuru）』。中世紀時當庶民過世，遺體就會棄置在河灘上，即使事後用木頭做了墓碑，但那早晚會腐朽消失；就算是石頭做的墓，遲早也會埋進土裡被人遺忘。無論用什麼形式，墓和遺骨最終都會回歸大自然而無人祭拜；反過來說，如果墓和遺骨永遠留在這個世上，整個世界就會被墓塞滿了吧！同時人卻想要永遠供養往生者，這可說是一種供養心吧！如果是骨佛的話，就可以節省安置空間，還能持續被許多人膜拜。最初是因為遺骨數量過多，寺裡放不下才製作骨佛，這是無法否認的事實。不過在我們開始骨佛事業之後，身為回應民眾供養心的寺院，在宗教上的責任越來越大了。」

骨佛的塑形方法是先用石臼把遺骨磨成粉末，再和海蘿（現在是用水泥）揉合在一起，灌入阿彌陀佛的鑄模中成形，成像有五尺（大約一點五公尺）高。（譯註：海蘿是一種海藻。）

第一期的骨佛從一八五一年（嘉永四年）至一八八七年（明治二十年），為期共三十六年，收集了五萬多具遺骨。之後寺方制定了內部規定，大約以十年為一期，每期鑄造一尊骨佛。第二期（一八八七年至一八九八年）為七萬三千六百具，第三期（一八九九年至一九〇八年）為十二萬九千具，第四期（一九一〇年至一九一八年）為十四萬七千四百具，第五期（一九一九年至一九二八年）為十六萬八千三百具。隨著時間經過，每尊骨佛的遺骨數量也跟著增加。

在記錄一心寺昭和初期的文獻上寫著：「大阪市正在膨脹的現象也顯現在骨佛上，實在很有趣。」

直到戰前總共造了六尊骨佛，但它們在第二次世界大戰的空襲中與寺院一起消失了。寺方收集六尊骨佛燒剩的部分，重新鑄造成一尊骨佛。他們在戰後也繼續從事骨佛事業，當收集到十年份（約十五萬到二十萬具）的遺骨時，就會鑄成一尊阿彌陀佛像。

骨佛就並排在正殿旁邊的骨佛堂裡，年代比較古老的已經被煤燻黑了，但是最新的第十三期（一九九七年至二〇〇六年）骨佛還帶著遺骨本身的白色。剛鑄造好的骨佛呈純白色，姿態莊嚴。寺方預定於二〇一七年完成第十四期的新佛。

一心寺網站上刊登了申請鑄造骨佛的條件，包含不接受郵遞申請，必須親自攜帶「火葬許可書」、「改葬許可書」、「燒骨埋藏證明書」或「分骨證明書」等任一文件前往。另外，由於遺骨有濕氣，所以必須事先曬乾。

納骨時要繳交冥加費。只有小塊骨頭或分骨的情況下要一至兩萬日圓，若含有肋骨等體積較大的骨頭或整副遺骨的話，則需要一萬五千日圓至三萬日圓程度的「心意」。在大都市，大樓型永代供養納骨堂的費用行情大約是一具遺骨八十萬日圓至一百萬日圓，因此一心寺的骨佛可說相當便宜。（譯註：冥加費為捐贈給神佛的禮金。）

儘管筆者是在平日的雨天前往拜訪，但一心寺的服務台前仍然呈現三十人排隊的盛況。近幾年帶進一心寺的遺骨，每年約有一萬六千具至兩萬具，算起來一天平均有五十具上下的遺骨被帶進寺裡。

寺院境內總是有許多參拜客來來去去，除了帶遺骨前來的新客之外，還有些人是過去已經完成納骨，在含有祖先遺骨的骨佛前雙手合十。此外，骨佛不僅受到遺族膜拜，還成了大眾的信仰對象，在二〇〇五年（平成十七年）被指定為大阪市的無形民族文化財。

高口說：「或許是因為尋求一般墓的人減少了，近幾年帶著遺骨來想做成骨佛的人越來越多了。」據他所說，目前已經可以看到骨佛事業將會發生巨大變化的前兆。

到數年前為止，拿到一心寺來的遺骨大多是「分骨」，也就是前來納骨的遺族除了在故鄉菩提寺納骨之外，也把遺骨分一部分到平常容易參拜的一心寺。然而「全骨」的情況增加了。事實上，一心寺的志納金很便宜，由於不用建造昂貴的墓就能受到供養，有許多貧困者會帶著全骨前來。（譯註：志納金為捐給寺院的錢。）此外，最近還經常見到有人在火葬後沒幾天就帶遺骨來，極端點的甚至是把遺骨直接從火葬場帶來一心寺。

高口對於這種情況嘆氣道：「最近，社會上出現用宅配接收遺骨並幫忙供養的『送骨』服務，不時有人以郵寄的方式，硬是把遺骨送來一心寺。但是寺院並不是丟棄遺骨的地方，無論有什麼緣由，只要有遺骨寄來，我們都會設法寄回給寄件人。近年來家庭型態改變，祭祀方式也改變了。骨佛有立地環境和歷史上的緣由，是一種合理的都會型祭祀方式，但我認為這樣的遺骨收容處終究是以供養心和性善說為基礎，也是使命，但我無法否定最近的情況似乎和骨佛的理念有差距。令人苦惱的時代來臨了啊！」

「僧侶宅配」讓吃不飽的僧侶動起來

六成地方寺院年收入低於三百萬日圓

從事葬儀仲介的初創企業「Minrevi」（東京都新宿區）從二〇一五年（平成二十七年）十二月起，開始在亞馬遜網站上販賣「派遣僧侶服務票券」。商品名稱很直白，就叫做「僧侶宅配」。

「僧侶宅配」的主要目標客群是沒有和寺院或僧侶接觸的都市人。優點是無論要舉辦七七、一週年忌日或三回忌等法會，還是要實施墓迴向或替佛壇除靈，都很簡單就可以「買到供養」，還可以用信用卡結帳（價格為三萬五千日圓起，全國均一價）。只要購買票券，之後就會在指定時間派遣僧侶到指定地點（葬祭會場或墓地等）幫忙誦經。

「Minrevi」從二〇一三年（平成二十五年）起，就開始在官網販售「僧侶宅配」這項服務。他們自從二〇一五年年底在亞馬遜開店以來，訂單就急速增加。雖然該公司基於與亞馬遜之間的合約而不公開銷售數量，但與剛開始販售的一年後比起來，二〇一五年的業績膨脹了七倍。

Minrevi 表示「詢問度也直線攀升。二〇一六年的詢問件數預估有一萬兩千件，並且從中接到許多訂單。」如今，寺院與檀家的關係日漸稀薄，透過網路就不必煩惱布施的費用，也不必和寺院交流。此外，喪葬從原本牽扯進整個地域的大規模葬禮，也轉變成簡約的家族葬和直葬；僧侶宅配可說是一種在該出現時就出現了的服務。

該公司說明了其中的意義：「儘管與寺院沒有關聯的人越來越多，但大家仍然存著供養心，我們的職責就是好好照應這份供養心。」不過令人擔心的是，要如何保證派來的僧侶品質呢？說得極端點，要從哪裡分辨「真正的僧侶」和「假的僧侶」呢？

根據《宗教年鑑》，佛教相關的包括宗教法人有一百六十八個，而不屬於任何宗派的單立寺院則超過兩千五百家。如果把佛教的新興宗派也算進去，那就數不完了，僧侶的「樣貌」也各式各樣。

僧侶（教師）的養成課程依各宗派而有所不同，加上僧侶資格並不是國家考試，因此很難判斷對方是不是「取得傳統佛教僧侶資格的正經和尚」；換句話說，只要穿著袈裟誦著經，是有可能冒充的。

該公司表示不需擔心這一點，在該公司登記的僧侶有四百五十人，已經是不小的數字，但他們限制登記者必須隸屬於具代表性的七宗派（天台、真言、淨土、淨土真、曹洞、臨濟、日蓮），讓審查工作更容易，也會調查僧侶所屬寺院的所在地，藉此進行綜合判斷。

「對於想要登記的僧侶，我們會要求出示宗派給予的資格證書。由於我們和許多僧侶接觸，所以知道七宗派的證書格式，馬上就看得出來是不是假貨。此外，透過與對方溝通，某種程度上也能判斷對方身為僧侶的資質。」負責人繼續說：「在隸屬於大型教團的僧侶中，有些人一副很大牌的樣子，還發生過像是同一時間接不同法會、突然病倒而去不了的麻煩情況。不過，能夠立刻派其他僧侶前往，是敝公司擁有許多僧侶的強項。」許多委託人都來自東京或大阪等大都市圈，也有很多人不知道該如何和寺院來往，不過該公司表示：「傷腦筋的不只委託人，其實僧侶也很困擾。」這是怎麼回事呢？

如今寺族的核心家庭化情況益發嚴重，尤其地方寺院有許多到大都市圈賺錢的僧侶。（譯註：寺族為掌管寺院的住持與其家人。）Minrevi 現在約有一百位僧侶在等待登記，據說人數有增無減，該公司對於這種傾向的分析是：「從地方來到都市的僧侶想要增加傳教機會，他們過去沒有機會傳教。」表面上是這樣沒錯吧！

然而佛教界的實際情況還更嚴苛。位於地方都市的寺院收入逐年下降，基於檀家減少、墓改葬到都市、地域經濟衰退等因素，苦於貧困的寺院正在增加。根據淨土真宗本願寺派在二〇〇九年（平成二十一年）實施的調查，位於村落的寺院，有六成以上年收入低於三百萬日圓，其他宗派的情況也大同小異。

靠這樣的經濟能力，光是住持一個人要吃飽就已經很勉強了，後繼者直到繼承自家寺院之前，都必須到其他地方找工作。僧侶出外賺錢的型態各式各樣，有的到民間企業上班，有的則是在大寺院或大宗派受雇為「勤務僧」。在越來越多僧侶登記「僧侶宅配」的現象背後，「填不飽肚子的僧侶」肯定是背景因素之一。

因爲有必要而誕生的服務

不拘泥於佛事手段的都市人，以及苦於貧困的僧侶——能夠滿足雙方需求的就是這項「僧侶宅配」服務。這樣看來似乎是雙贏關係。

但是事情往往不會那麼稱心如意。當亞馬遜網站介紹了這項服務，隨即引發佛教界的猛烈反彈，有一百零五個佛教教團加盟的全日本佛教會（全日佛），於十二月二十四日在網站發表了理事長的談話：「對於營利企業將布施定價，（全日佛）反對到底。布施並不是服務的酬勞；同樣地，戒名也不是商品。亞馬遜販售僧侶宅配服務，簡直是把宗教行為當作服務並變成商品，看看海外各國的宗教情況，也沒有哪個國家允許這種事——」此外，他們還抗議亞馬遜：「對於事業拓展到全世界規模的亞馬遜，其面對宗教的態度讓我們忍不住感到疑問和失望。希望他們能夠好好應對。」

Minrevi 表示：「（全日佛的）反彈在預料之內。不過，敝公司目前還沒有直接遭到抗議；假使真的遭到抗議，也沒道理停止這項服務。」佛教界害怕一旦商業吞食了宗教行為，將會導致佛教組織變得虛弱。尤其一旦布施金額明確標示出服務報酬，很可能

「宗教行為化為服務業」會變成既成事實。

一旦宗教與服務業的差距變得模糊，國家可能會轉而討論是否對宗教法人課稅。就算不至於如此，但大部分寺院經濟上都很拮据，一旦被課徵法人稅或固定資產稅，那就是生死存亡的問題了。

那麼，身在第一線的僧侶又抱著什麼樣的意見呢？我從全國各地請來六位三十歲到四十多歲的年輕僧侶，和他們針對「僧侶宅配」的對錯交換意見。結果，有兩個人贊成「僧侶宅配」，四個人說「難以判斷」，明確反對的僧侶是零人。這裡就來引用其中一部分的發言吧！

「我們寺院位於人口過少的地區，正追著前往都市的檀家，努力想要維繫寺檀關係。即使是透過網路，如果能形成新的連結也好。不過，總覺得哪裡有點寂寥。」（住在北海道的住持）

「現況是已經有許多人無法在自己這一代守住菩提寺或墓了。我認為，有僧侶宅配這種受器存在是一件好事；新興宗教就很熱心地製造這樣的受器，並逐漸擴大勢力。相較之下，現存佛教則是被傳統束縛住，成了『靠不住的存在』。我們也必須反省才行。」（住在大阪府的副住持）

「基於時代潮流與社會需求，人接受這樣的商業行為是事實。但是，我卻仍舊擔憂宗教行為完全商業化。」（住在東京都的副住持）

「在標示金額的階段就完全是商業行為了，不能說是宗教行為。話說回來，僧侶的職責本來就不是只有誦經而已，負責說法和撫平人心還比較重要。這項服務是否能保證這種本來的宗教行為還是個疑問。」（住在東京都的副住持）

「這是個有人會故意把骨灰罈忘在電車行李架上的時代。我雖然不是舉雙手贊成這項服務，但如果還有人願意透過網路來供養往生者的話，這還算是一種救贖。」（住在長野縣的副住持）

就連身在第一線的僧侶也各自抱著不同見解。探討宗教行為商業化的對錯，是件很困難的事。假如贊成方和反對方互相爭論，我也不認為他們能夠互相理解。可以確定的是，片面斷定宗教行為是善、商業行為是惡是很危險的事。要是反過來的話，說不定還更危險。

為什麼現代會出現這樣的服務呢？這不就代表大家需要僧侶嗎？假如僧侶不能敏銳地察知這樣的訊號，並且建立讓人接受的體制，日本的佛教是不會有未來的。

佛具商眼中的「寺院消滅」

銷售額在十年內驟減為三分之一

根據淨土宗在二〇一四年（平成二十六年）發表的問卷調查，針對「一九九〇年初以來二十年間的檀家數量變化」這個問題，大約有六成的寺院回答「減少」，只有一成四的寺院回答「增加」。檀家減少與寺院經營有直接關係，要維持一間寺院會越來越困難。

另一方面，我們來看看同時期宗教用品的國內製造出貨額。其高峰是一九九〇年（平成二年）的一千二百九十九億日圓，從此以後就有減少的傾向，到了二〇〇七年（平成十九年）只剩下四百七十六億圓（根據經濟產業省製造產業局的調查），規模只有全盛時期的近三分之一。比起寺院面臨經營窘境，佛具業界受到的傷害似乎更大。

從事佛具與佛像事業的「宗像」公司（埼玉縣入間市）社長三浦美紀男，就是對寺院衰退產生危機感的其中一人。三浦回顧了二十五年前左右的業界。

「在佛具業界，是以對寺院的型錄零售（catalog retailing）為主流。直到泡沫經濟時期為止，就算不那麼努力跑業務，我們還是能夠接連賣出昂貴的佛具。」全國的寺院都在大戰的空襲中被燒毀，也有許多檀家的親人戰死。寺院的重建與檀家的供養心相輔相成，寺院在戰後好一段時間購買了許多佛具。在經濟高度成長期到泡沫經濟時期，由於景氣提昇，昂貴的佛具相當暢銷，檀家也競相向寺院捐獻。

這時，地方上比較大的寺院為了傳教，在東京設了分寺，目標是讓從鄉下去到東京的人參拜東京分寺，以代替故鄉的菩提寺。由於這些分寺也要安置多尊佛像，因此需求便湧向佛具業界；除了建立分寺，還有更新寺院大門或重建客殿等等。這個時期受到好景氣推波助瀾，收到眾多檀家捐獻的寺院逐漸擴大。

然而，泡沫經濟崩壞了。當寺院因為地方人口減少與高齡化而開始凋零，狀況就瞬間改變了。「現在，我們能深切感受到寺院的嚴苛情況。寺院漸漸不訂購新的佛像了。這個仰賴寺院的業界逐漸變得貧困。」

十年前，宗像的客戶大約有五千家寺院，銷售額將近十二億日圓，但如今已經減少到只剩三億日圓。

另一方面，把目光轉移到檀家上，會發現生死觀的變化非常顯著，而成為其指標的就是佛壇。尤其是近幾年，大都市的公寓家庭對於在家中設置古色古香的櫥櫃與佛壇，有著敬而遠之的傾向。說到底，現今的新建分售公寓中，幾乎沒有佛堂的物件。

國學院大學副校長石井研士長年調查佛壇的擁有率。戰後的佛壇擁有率是八十%

（出處：R.P. Dore, City Life in Japan—A Study of a Tokyo Ward, Routledge & Kegan paul, London, 1958），但到了一九八一年（昭和五十六年）便下跌到六十一％（出處：NHK）。距今最近的數據則是二〇〇九年（平成二十一年）的五十二點一％（出處：國學院大學《日本人對宗教團體之參與、認知、評價之相關民意調查》）。隨著都市化，信仰和供養也從家庭中逐漸消失了。

因此，宗像開發了可以當作室內擺設的漂亮迷你佛像，目標客群是不會回到故鄉的次男和女兒。迷你佛像可以放在衣櫃上或書房裡，因為很省空間而被市場接受。它讓人產生一種安心感，不必回到故鄉就能在手邊供養血親。

宗像的例子顯示出，佛具店光靠仰賴寺院、坐等生意上門的舊型商業手法，是無法在現代生存下去的。「不過，」三浦說：「雖說如此，還是『有寺院才有我們』。我們把寺院視為故鄉的象徵。人一旦搬到大都市，就會疏遠鄉下的寺院。不過，我還是希望他們能在內心一角感覺到故鄉的存在，我們必須和寺院一起想出點子，開發出符合現代生活型態的商品。」

三浦如此呼籲來到都市的年輕人：「為了以防萬一，和故鄉寺院保持聯繫是很重要的。即使故鄉的老家沒了，只要菩提寺和墓還在，故鄉就還是故鄉。不知道什麼時候還會有東日本大地震那樣的局面，寺院應該作為前往都會者的避風港殘存下來。為了讓寺院生存下去，希望住持多多努力。」

僧侶的力量會影響葬儀

那麼，葬儀業又如何呢？他們與寺院的興衰有關聯嗎？

與佛具店和僧服店不同，葬儀業與寺院之間可視為競爭關係。如果寺院遭到淘汰，民間葬儀業者的市占率似乎有可能擴大。以民間企業的高品質款待與服務，很有可能從寺院手上搶到葬儀生意吧！那麼，葬儀業如今是否處於商機擴大的局面呢？

不，那可不一定。由於生死觀急遽變化，不在葬儀上花錢的喪家越來越多，因而壓迫到許多葬儀社的經營。過去被稱為密葬的不公開喪禮，現在改稱為家族葬，成為了葬儀的主流。不舉行喪禮，直接火葬（稱為直葬）的寂寥葬法也正在增加。

前面提到的「鎌倉新書」公司表示，在二〇一四年（平成二十六年），不到三十人出席的家族葬、一日葬和直葬的比例共計五十七％。這個比例有著中期增加的傾向。筆者認為，這種喪禮簡化的傾向，是地域寺院與僧侶失勢的象徵。

在寺院作為地域核心發出存在感的時代，一旦地域中出現死者，喪事就會由鄰組一手包辦，是再度確認地域團結度的絕佳機會。就像繩子被水濡濕後會增加強度一樣，喪事能讓地域更團結。（譯註：鄰組：地方上的住民組織，每五到十戶為一單位，扮演鄰里互助的角色。）

一九九〇年以後，喪禮地點從菩提寺或自宅轉移到了葬儀會館（殯儀館）。由葬儀業者代替鄰組一手包辦在會館舉行的喪禮，助長了地緣關係的解體。若說寺院或地域是因為市場原理而遭到吞沒，那也就罷了，但這也可以解釋為，是因為僧侶的力量和資質低下，而使得檀家放棄了寺院。

很快地，僧侶由葬儀業者「派遣」，只須在葬儀會館誦經的時代來臨了。對於這樣的狀況，前面提及的佛具店「宗像」社長三浦感嘆說：「只要看到葬儀會館的喪禮，就很能理解寺院衰退的原因。僧侶在休息室等待，當葬儀社的人來叫『住持，該上場了』，就直接被帶到祭壇前面誦經，結束之後也不說法，拿了布施就趕緊回去。每次看到這種景象，就覺得彷彿是歌手高歌一曲之後，拿了演出費就走一樣。正因為我們的工作是和寺院共存亡，所以我覺得非常憂心。」

當葬儀遠離了寺院，地緣關係就會開始瓦解。在都市生活的子女會避開繁瑣的地緣型喪禮，轉而選擇葬儀社準備的簡約便宜喪禮，包括家族葬和直葬。筆者認為，寺院衰退和喪禮簡化是相關的。「鎌倉新書」公司的喪葬資訊負責人指出：「儘管如此，我還是認為喪禮不會和佛教（寺院）分開。」據該公司表示，現在有超過九成的喪禮是佛教式，然後就是神道式和基督教式，無宗教式還很少。

鎌倉新書表示：「只有宗教家能夠針對死亡做出說明，如果僧侶能夠好好面對遺族，舉行一場令人感動的喪禮，結果便是寺院和葬儀社雙方的評價都會變好。反過來說，如果僧侶很敷衍，也會變成是業者的責任，導致顧客離開。」

死亡是無法逃避的，但如果僧侶能夠解說死亡的意義，寺院、佛具店和葬儀社一定都能復甦，與日本佛教一同走過一千五百年歷史的製造和服務，現場將會產生活力，進而促進恢復地緣關係。

寺院的興衰關係到許多業界的命運——佛教界必須有這樣的自覺。

第三章

結緣的人

預防孤獨死的緣分形式

互助會主辦的「鄰舍節」活動

寺院被現今的喪禮簡化與都市化潮流吞沒，正一家接一家地消失。尤其在少子高齡化不斷加劇的地方都市，寺院消滅的情況更是顯著。支持寺院的檀家減少，鄰組不再發揮功能，結果便是寺院的「無住化」（沒有住持）現象持續惡化。一旦肩負地域紐帶功能的寺院「消失」，就會進入地緣和血緣連結也逐漸稀薄的惡性循環。

「平成的法難」這種形容詞絕對不誇張。佛教界已經開始意識到了問題。如同上一章所說，不少業界也抱著「萬一寺院消失，我們也會消失」的危機感。（譯註：「法難」意指佛教受難。）

以寺院為客戶的佛具店、僧服店和墓石店，直接受到寺院經營狀況的影響，就連看似能從寺院搶到客人的葬儀社也不例外；因為少了僧侶進行供養的喪禮是沒有商機的。

「寺院的結構和我們很像。就如同佛教在全國擁有宗派網路一樣，我們也有同樣的橫向聯繫。現在我們和寺院一樣，在硬體和軟體層面都發生了制度疲勞。」身兼全國冠婚葬祭互助會聯盟會長，同時以作家身分活躍的佐久間庸和這麼說。

應該有不少人聽過佐久間率領的這個互助會吧！這個互助會向會員募集儲備金，以備用來支應喪禮或婚禮等大筆支出。他們在全國擁有許多葬儀會館和婚禮會館，當會員有需要就能使用那些設施。

這個互助會始於終戰後的一九四八年（昭和二十三年），發源於神奈川縣橫須賀市。自此以來，它舉辦過七五三、成年禮、婚禮和喪禮等各種儀式。對於重視人生儀式的日本人而言，它可說是個扎根於日本風俗習慣的組織。（編註：七五三節為祈求孩子平安成長之節日。）

舉行這些人生儀式時，少不了「緣」的存在，例如喪禮上就少不了「地緣（鄰組）」和「血緣（親屬）」。互助會也是一種「緣組織」，日本的互助會基於互相扶助的精神來舉行儀式，像這樣的緣組織，在世界上是獨一無二的。

從互助會發跡至今經過近七十年，它成長為一個預收款達到兩兆四千一百七十五億日圓、會員人數超過二千四百三十四人（二〇一五年三月）的巨大人際網路。然而，由於喪禮簡化與地方都市衰退，近年來的成長率已經到了極限。互助會數量也從一九八六年（昭和六十一年）的高峰四百一十五個，減少到現在的二百七十九個（二〇一五年三月）。互助會和寺院一樣有著存續問題。

佐久間說：「寺院與互助會的機制非常相似。比方說，互助會實施各種針對高齡化社會的對策，藉此促進地域與互助會兩者的活化。」筆者向佐久間詢問具體內容後，發現他的嘗試中富有啟發。

大型股份有限公司「SUNRAY」是由佐久間擔任負責人的互助會之一，而該公司所在的北九州市已經開始採取對策。在全日本二十個政令指定都市當中，北九州市的高齡化比例最高（二〇一五年三月時為二十八點二％）。直到經濟高度成長期為止，北九州市以八幡製鐵所為中心，發展為一個「鐵都」；然而在七〇年代以後，隨著產業結構轉型，製鐵業業績低迷，人口便開始流出。現在，它正面臨獨居老人與孤獨死的問題。

這個無緣社會，就是互助會應該面對的課題。

佐久間率領的「SUNRAY」開始舉辦「鄰舍節」活動。鄰舍節（La Fete des Voisins）是一九九九年起源於法國，契機是在某巴黎公寓房間發現老婦人孤獨死的遺體，被這件事震撼的巴黎第十七區副區長認為：「如果居民之間能夠多點接觸，不就不會發生悲劇了嗎？」於是，他想出了在公寓中庭開宴會的點子。有年輕男女在鄰舍節的活動中相遇並結婚，締結了新的緣分。

「鄰舍節」活動擴展到歐洲全土，二〇〇八年時在全世界多個國家同時舉辦，在日本則是由「SUNRAY」實施。從此，「SUNRAY」就以每年兩次的頻率舉行大規模鄰舍節活動。

佐久間說：「我希望能以互助會為中心，讓產生孤獨死的無緣社會重生為有緣社會。除了鄰舍節以外，還有其他減少孤獨死的構想。比方說，互助會裡有許多負責拜訪高齡者住宅的業務人員，可以確認他們是否平安。」互助會主動幫忙解決高齡化的社會問題，也可以為制度疲勞的互助會組織內部帶來一陣新氣象。

互助會還面臨了公共設施老舊的問題。有些地方本來計畫興建葬儀會館，卻因為反對運動而就此停頓，也有許多結婚會場已經老舊，據說他們正試圖有效活用這些物件。「SUNRAY」就在這類結婚場地的一角建造收費老人之家，並提供便宜的服務。

佐久間說：「互助會和寺院其實有可以合作的地方。」以寺院來說，找不到繼承人的空寺據估計已經達到兩萬家，但還沒有人想到如何運用這些空寺。而互助會的構想在寺院再生這方面，也十分通用。

把無緣社會變成有緣社會——寺院和互助會瞄準的方向意外地相同。

地方的舒適與緣分

佐久間所說的有緣社會，或許可以替換成「地域共同體」一詞。筆者於二〇一五年（平成二十七年）拜訪了一處位於偏僻地區的「村落」。我在那裡看到了日本從前的古老地域共同體樣貌，在這裡向大家介紹一下。

從東京開車到長野縣賣木村要將近五個小時，它是個人口只有六百人左右的典型人口減少村落。這塊土地過去曾因為林業而繁榮過，但高齡化的浪潮也湧進這裡，使得這裡的高齡化比例高達四十六%。光看這個事實，會覺得很難找到村子的未來。

在這裡經營民宿的後藤友美（五十二歲），三十幾歲時為了回到村裡照顧臥病在床的祖母，以及和父母開始經營民宿，辭掉了在愛知縣藥局的工作。

「雖然我還想繼續在大都市生活，但同時也有著如果不在這時回家，就會失去故鄉的心境。當時我還單身，最後還是辭掉都市的工作，下定決心回到故鄉來。」對後藤來說，回到故鄉讓她斷絕了在都市的便利快樂生活與自身事業。

然而回到村裡之後，她發覺村裡不存在像大都市那樣的「格差」，令人感覺舒適。只要自己有房子就夠了，附近的人會帶來不夠的東西。近幾年，某戶人家的子女去了東京，留下患有心臟病的母親。地方上的人變成了「家人」，負責照顧那位老太太。只要有人提到「某某人最近都沒來」，村民馬上就會前去看看狀況。

後藤和村民異口同聲地說：「讓高齡者住進設施，永遠是最後的選項。」、「很難想像這個村子裡會有孤獨死。」

賣木村的勞動人口很少，也沒有引人注目的產業，不可能有著能與都市相比的財源，社會福祉服務項目也很有限。不過，日本正在失去的「緣」卻深植於此。

多死時代即將到來，如前所述，不得不「處理」死亡的社會來臨了嗎？還是我們可以一起拿出智慧，讓緣分「接續下去」呢？從下一節開始，我將報導想在無緣社會中找出「緣」的人。

供養街友的僧侶

基督教率先從事志工活動

晚上九點的上野公園裡響著遠處傳來的雷聲，原本在長椅上相依偎的情侶突然慌張地站起，往上野車站方向而去。在這一天的五天前，東京都內公佈了櫻花的開花預報，上野公園這裡很快就會因為大批賞花客而變得熱鬧吧！不過現在似乎快要下雨，這天晚上的公園一片寂靜。街友正睡在櫻花樹下的紙箱屋裡，一身作務衣打扮的男性向其搭話。（編註：僧侶在寺廟裡的勞作服裝。）

「叔叔，我來晚了。請吃飯糰。現在還很冷，您應該需要暖暖包吧？」

被稱為「叔叔」的街友連忙起身道：「謝謝你！如果還有藥和內衣的話就幫大忙了！」

對街友搭話的男性名叫吉水岳彥，三十七歲。以「宿民街」聞名的山谷地區（位於台東區清川、日本堤和東淺草）有一間光照院，吉水除了擔任光照院副住持之外，同時也是援助生活窮困者的「一匙會」事務局長。

「一匙會」於二〇〇九年（平成二十一年）發跡，其宗旨是「儘管連獻上一匙米湯這樣小小的支援都辦不到，仍想貼近需要幫助的人」。他們和地域及NPO法人共同合作，每個月會做兩次飯糰送給淺草或上野的街友。

很多人都認為，關注弱者是身為宗教人士應有的行為。但是像一匙會這樣，持續援助無家可歸者的佛教團體並不多。相較之下，歐美的基督教教會很積極援助無家可歸者，就連在日本的教會也積極從事救助弱者的志工活動。

關西學院大學社會學系副教授白波瀨達也在他的著作《追問宗教的社會貢獻 來自無家可歸者的援助現場》（暫譯，宗教の社会貢献を問い直す ホームレス支援の現場から）（nakanishiya出版）中指出：「除了一部分現存佛教和新興宗教以外，積極援助無家可歸者的FRO（Faith-Related Organization，宗教相關組織），主要是基督新教教會和天主教會。」

於是，筆者便使用媒體搜尋服務「日經telecom21」，調查過去十六年（二〇〇〇年一月一日至二〇一五年十二月三十一日）宗教人士從事志工活動的實際情況。使用的關鍵字是「無家可歸者 & 志工 &（僧侶／牧師／神父／佛教／基督教）」，並將搜尋對象指定為朝日、每日、讀賣與產經等四家全國性的報紙。

結果，現存佛教教團所屬僧侶援助無家可歸者，並且在全國性報紙上被報導的例子只有二十五件。至於基督教，「基督新教牧師」有六十五件，「天主教神父」有十八件。

看來，規模遠小於佛教的基督教，比較積極地在援助無家可歸者。這些數字終究只是在全國性報紙上被報導的件數，有可能並不包括在地方都市踏實地從事活動的例子。儘管如此，若要掌握宗教團體援助無家可歸者的實際情況，這還是能當作一個指標吧！

在日本，基督教相關的宗教法人數量為四千五百八十六個。相較之下，佛教相關的宗教法人則有七萬七千三百五十個（來自文化廳編著之《宗教年鑑 平成二十六年版》）。與佛教比起來，基督教的規模只有十七分之一，但在援助無家可歸者這方面卻是凌駕於佛教。

現存佛教之所以對社會活動趨於消極，原因有可能是日本佛教從江戶時代起就一直守著檀家制度的關係。只要重視檀家就好。因為隨時都有可能需要舉行喪禮，所以很難出外進行社會服務活動——這樣想的日本僧侶絕對不在少數。

二〇一一年（平成二十三年）三月十一日發生東日本大地震時，的確有許多僧侶投入志工活動。但是若要援助無家可歸者，「持之以恆」是很重要的，只靠一般的決心，是不可能持續從事活動的。

無家可歸者的社會映照出日本實態

話題回到一匙會。

從下午兩點半起，他們開始準備煮飯救濟街友，志工一個接一個地聚集到光照院來。用大鍋炊煮有志之士捐贈的二十升白米，做成每個三百克的特大飯糰，這樣的飯糰每次都要做兩百個以上，光是這樣就是要花上三到四小時的重度勞動。

這些飯糰會分給街友每人一個，最近還有在日越南人佛教徒參與活動，這時就會多了手工製的炸春捲當作配菜。如果有人需要，也會給予市售藥品或內衣。這對每個街友來說，或許只是「少少一匙」的援助，但他們總是期盼著一匙會每個月兩次的到來。

不是「請他們來拿」，而是「帶去給他們」，這一點據說很重要。

如果讓街友親自前來，在發放食物的地方排隊，可以想見會引起地方居民反彈。另外，也因為有些人是高齡者或身體不適而無法前來排隊，直接送到他們枕邊可說是最確實的做法。不僅如此。要掌握街友的真實樣貌，實際拜訪他們的「住處」是最好的。

他們都是背負著各式各樣的過去才成了街友。出了意外導致身體有障礙的人、遭到裁員而使生活陷入困境的人、沒有親人的高齡者、小時候被父母虐待而生病的人、過去曾沾染犯罪的人、逃離家暴丈夫的女性……不得不過著街友生活的人太多了，說不定我們有一天也會面臨相同境遇。

根據厚生勞動省的估計，二〇一四年（平成二十六年）全日本約有七千五百名街友，與十年前的兩萬五千人比起來減少了許多。這是由於二〇〇二年（平成十四年）施行的《無家可歸者自立與支援等相關特別處置法》（無家可歸者自立支援法）效果卓著，專為街友而設置的自立援助中心等設備也很齊全。

然而，有許多人基於某些因素而無法住進那些設施，事實上也的確還有許多街友存在。

出去分發食物之前，吉水如此叮嚀工作人員：「（那些在路上生活的）叔叔們和我們一樣，人沒有上下之分。把飯糰交給他們時，請和面對朋友或同事一樣，把他們當作一個人並抱著敬意。」所以把飯糰拿給他們時，要彎腰把身體降到和「叔叔」的視線一樣高，並且看著對方的眼睛，用雙手拿給他們。

近幾年，吉水繞著街上，察覺了一些「小變化」。

「在東日本大地震之後，都內的街友產生了變化，有一種人數減少許多的印象，這是因為福島多了許多工作機會，像是核電廠作業或去除放射線污染等等。但另一方面，也有人因為震災失去了故鄉，到東京來之後成了無家可歸者。」

日本發生的各種事情，也反映在無家可歸者的社會中。在筆者參加一匙會活動的這天，工作人員總共有十幾位，包括上野在內，總共分成五條路線（山谷地區、淺草附近和隅田川沿岸等等）來分發食物。共有二百零五位街友領到了飯糰。

雖然與街友對話的時間很有限，但若問他們身體狀況如何，還是有很多人會回答身體不舒服。從一匙會開始活動已經過了七年，許多工作人員和街友都熟識了。除了感冒藥、胃藥和藥膏之外，工作人員還會準備對抗花粉症的口罩、內衣和糖果等等，不夠時會記錄在筆記本上，日後再把物資確實交到本人手上。

我前去拜訪時，附近大樓的溫度計顯示十三度，許多街友都感冒了，也有很多人表示胃腸不適。

他們會對同樣身為街友的人表示關心。經常有街友告訴我們：「我拿到了，可是那個人還沒拿到哦！」抱著獨善其身想法的街友反而是少數。

吉水他們留意草叢和陰影處，一邊定睛細看一邊走。

在東京文化會館的屋簷下，有七、八位街友像要沒入黑暗般在睡在那裡。和公園的長椅比起來，這裡多少能夠遮風避雨，但對街友而言絕對不是個可以安心的地方。吉水告訴我，前幾天才剛有不良少年襲擊街友。

後來，筆者也一同參加了伊呂波會商店街（位於台東區日本堤）的送食活動。在商店街鐵捲門完全關上的晚上八點以後，街友開始鋪床。這是街友與當地居民之間默認的規則。

即使只有晚上確定有地方可以避雨或避雪，那也還算好的。到了晚上，地下鐵或地下設施會拉下出入口的鐵捲門，街友就會被關在外面；假如街友在營業時段躺在通道或路上，就會遭到驅趕。

如果沒有街友，街景也許會比較好看，但是有人替被驅趕的他們準備收容之處嗎？當我參加了一匙會的活動，就接連不斷地看到過去不曾留意過的事情。

在伊呂波會商店街開始分發飯糰後的五分鐘，一聲怒吼響遍了商店街。

「喂，給我滾出去！」街友的怒吼聲，在沒有人煙又略暗的商店街裡響起，氣氛變得緊張。似乎是街友之間發生了爭執。氣得滿臉通紅的街友，把另一名街友撞飛，突如其來的狀況讓筆者心生畏懼，手上拿著飯糰就此呆立不動，也無法居中調停。

在這之後不到三分鐘，換成醉漢來找碴。

「喂！別隨便分發飯糰！我最討厭偽善者了，你這混帳！」

與之前到上野一帶時不同，這裡幾乎沒有人路過。我考慮過報警，但因為有些街友會在特定的時間等待分配食物，所以我必須趕快才行。最後，醉漢喝酒的居酒屋店長出來調解，才得以小事化無。

我深切感受到，晚上在下町進行志工活動經常伴隨危險。另一方面也覺得分發食物的活動發揮了「夜巡」功能，得以防止事件和事故發生。大家發完飯糰解散時，已經是晚上十一點了，筆者回到自家時已經是午夜零時，肩膀因為背過沉重的側背包而痠痛，不習慣走路的雙腳也僵硬了。

無家可歸者之間強韌的牽繫

「街友對我來說是一幅『景色』。」山谷地區離簡易旅館和吉原紅燈區很近，而吉水就在這個地區的寺院長大。躺臥在路上、會突然發出大聲或怪聲的街友，對過去的吉水來說是極為自然的風景，也是骯髒、惡臭和可怕的存在。

「不可以成為那種大人哦！」

「那些人是自願無家可歸的！」

大人如此教育吉水這些當地孩子。吉水回顧從前說：「他們是又近又遙遠的存在。」

「我想，大人是把街友當作反面教材在教孩子。另一方面，在寺院出生的我是個宗教人士，我以為自己學到了慈悲心，但從前的我對街友卻完全不會湧現（慈悲情懷）。身為一個宗教人士，我覺得這真的很矛盾。」

二〇〇七年（平成十九年）年底，某個轉機來到了這樣的吉水身邊。

NPO法人「自立生活支援中心・舫」過去曾在日比谷公園發起「過年派遣村」的活動而聞名。該法人的理事長稻葉剛問吉水說：「能不能替街友造墓？」

吉水感到疑惑——他們連自己身上穿的衣服都不在意了，還會在意墓嗎？

總之，他想知道第一線的情況。二〇〇八年（平成二十年）正月，吉水來到新宿中央公園。雖然此時正逢過年，但是對街友而言，這段時間不但沒有行政支援，工作也中斷，不僅不值得開心，更是一段面臨生死的嚴苛時光。為了援助這些街友，NPO相關人士和支援者在公園裡搭起帳篷，準備好要發放食物和接受醫療諮詢。

這時，一位男性街友的訴說讓吉水受到很大的衝擊：「反正我們都會橫屍街頭，只會變成無緣佛而已。但是，一想到死後也能和過世的夥伴或現在的夥伴一直在一起，我就能夠更努力地活下去。」

臨終的瞬間也是如此。他們痛切地希望，臨終時不是一個人在街頭死去，而是想要受到夥伴的看顧。

「我覺得街友之間的牽繫極為強韌，他們那種既非血緣也非地緣的夥伴意識非常強烈。這樣的牽繫是他們活下去的必備要素，那位街友教會了我這一點。雖然這說起來很理所當然，但朋友死了會覺得悲傷，如果夥伴死在自己眼前，也會想要弔唁他。啊啊──這就是人情吧！和尚不是經常說嗎？『假如決定了死後的去處，就能活力充沛地活在當下。』我以為自己懂得這個道理，還對檀家這麼提倡。然而透過和街友對話，我才變得能夠自信地說出那句話。然後，我便下定決心要以一個宗教家的身分，以實際行動支援無家可歸者。」

許多無家可歸者的臨終充滿了悲哀。有夥伴看顧的人還算好的。假如死在街頭卻沒被夥伴發現，就會由行政人員公事公辦地接收遺體，在火葬場有空的時間火葬，接著通知家人；如果沒有人要接收，遺骨就會安置在某處靈園的無緣塔中祭拜。「從過去到現在，有許多街友的存在就在死後被消除了。」吉水如此說明。

直到二〇一三年（平成二十五年）為止，每到夏天的盂蘭盆節時期，NPO相關人士和街友會聚集在新宿中央公園，舉辦一年一度的夏日祭禮；那裡會搭建用三合板製作的祭壇，為已故街友進行追悼供養。祭壇上擺著夥伴帶來的往生者照片，但也有些往生者連一張照片都沒留下；不僅如此，還有人生前使用假名，本名沒有任何人知道。

慰靈的對象也包括被人遺棄在投幣式置物櫃裡的新生兒，置物櫃嬰兒也是「無家可歸者」。許多街友會參加追悼會，在那裡懷念逝世的夥伴。有人拍打著祭壇，一邊痛哭一邊大喊往生者生前的暱稱，也有人只是全心全意地雙手合十。

「街友有時會一邊膜拜已故的夥伴，一邊和我們這些宗教人士聊著過去或故鄉的話題。故鄉的寺院，以及和家人一起去掃墓的回憶，都深植在他們的內心風景中。持續和他們對話，就覺得這些人和我們沒有任何不同。」

基於悔恨產生的決心

在光照院境內的墓地，刻著「結」字的墓和檀家的墓夾雜在一起，這稱為「結之墓」，是街友的墓，由寺方和在新宿活動的各個團體，例如ＮＰＯ法人「舫」等等共同興建。它興建於二〇〇八年（平成二十年）秋天，目前為止已經有幾位街友的遺骨安置在這裡，據說寺方每年會舉行一次聯合供養。

先是遇見了「舫」，然後是興建結之墓和供食活動……吉水從事的活動在僧侶之間傳開來，贊同者也在增加。然而吉水坦言，過去曾經發生過令他後悔莫及的失敗經驗，

2008 年建立的「結之墓」

那是發生在志工活動開始上軌道的二〇一〇年（平成二十二年）某天夜裡。

「隅田公園裡有無家可歸者吐血倒地了！」吉水接到聯絡，和志工護理師趕去現場，發現一名街友倒在一片鮮紅的血泊旁邊要求著「給我水」，但若是內臟出血，還是不要給他喝水比較好。

「喝了水反而不好。」他們說服道，並且叫了救護車。

趕來的救難隊員看著街友，湊近吉水耳邊問：「是這個人嗎？」

然而這句話傳到該名街友耳裡，聽起來應該很像在輕蔑他吧！於是他開始拒絕去醫院。

「叔叔，別這麼說。還是去醫院比較好！」

吉水他們想說服街友卻碰了釘子，就連救難隊員也說：「既然本人不想去，我也不能帶他走。」然後就回去了。

於是，男子更固執了，開始把怒氣發洩在吉水身上。

「為什麼要帶那種人來？連水都不給我。你們還是滾一邊去吧！」

時間已經過了午夜零時。吉水他們判斷「過一段時間再來看他」，暫時離開了現場。

隔天早上，吉水再次回到現場探視男子的情況，然而男子已經不在，只剩下血灘和鞋子。問了其他街友，得知男子已經在早上過世，遺體被公園管理課的職員運走，可能正在警察手上接受調查。

吉水大受打擊。

「其實，那位叔叔應該很希望臨死前有人在他身邊吧！儘管本人不願意，但我們丟下叔叔就這麼回去了，這樣和那位救難隊員有什麼不同？我們原本應該在稍遠處守護著他，一旦有什麼萬一，就可以即時趕過去。」

和吉水一起趕去現場的護理師則如此低喃著：「那時，我們說不定是基於自己的判斷，替那位叔叔貼了黑色檢傷卡。」

「檢傷卡」是一種彩色紙卡，發生災害時依照患者的嚴重度來決定治療順序。按照現場人員的判斷，若立刻處置也許能救回一命的重症者是紅色，稍微延後治療也沒有生命危險者是黃色，不需專業治療的輕傷者是綠色；對於已經死亡，或是明顯不可能救回一命者，則會在患者身上貼上黑色紙卡。

吉水也說：「我們嘴上說『守護』，實際上卻替他貼上了黑色檢傷卡，我們真的做了無可挽回的事。這樣說也許為時已晚，但無論發生任何事，我們都不會再拋下他們了……」

這一天，飯糰也捏好了。當兩百個代表生命的飯糰排在正殿上，工作人員便集合而來，開始幹活。

「願與生活窮困者援助團體有緣的諸靈魂離苦得樂，往生西方極樂淨土，南無阿彌陀佛，南無阿彌陀佛，南無阿彌陀佛……」

在難民營興建圖書館

以七〇年代的東南亞難民問題爲發端

長野縣松本市的瑞松寺住持茅野俊幸（五十歲），每週一都會搭乘「梓」號特急列車到東京上班。據說他前往東京的頻率是一年八十次。

「這樣的情況大概持續了十年吧！也經常到國外出差。不過漸漸地就不在意了。」

茅野除了住持一職之外，同時也擔任公益社團法人「Shanti 國際志工會」（ＳＶＡ）的專任理事，「Shanti」在梵語或巴利語中是「和平」的意思。ＳＶＡ在東南亞的難民營和貧民窟展開巡迴，是主要持續為難民兒童提供援助的ＮＧＯ（非政府組織）。茅野從一九九三年（平成五年）開始參與ＳＶＡ的活動，日本佛教界像茅野這樣，站在國際貢獻第一線的僧侶並不多。

茅野從十幾歲起就開始積極參與諸如終身學習之類的地域志工活動。他在阪神淡路大地震與東日本大地震時，也曾經進入現場支援，可以說是個「身體力行的僧侶」。

ＳＶＡ於一九八〇年（昭和五十五年）發跡，當時茅野還是個國中生，一開始的團體名稱叫做「曹洞宗東南亞難民救濟會議」。SVA率領者，是以「NGO之父」與「泥菩薩」之名著稱的山口縣僧侶、已故的有馬實成。茅野相當於從有馬那一代數來第三任專任理事。

SVA在發跡時被定位成曹洞宗的國際貢獻事業，是個宗派色彩濃厚的NGO團體，其活動範圍以柬埔寨、泰國、寮國等佛教國家為中心。一九九九年（平成十一年）開始不冠上宗派名稱，而是改為現在的名字，如今成了一個幾乎全由民間人士組成的NGO團體。

二〇〇〇年（平成十二年）九月，有馬以六十四歲之齡早逝，茅野等人繼承了他的遺志。現在SVA除了援助美國九一一恐怖攻擊事件後的阿富汗戰爭難民之外，還把活動範圍擴大到緬甸和尼泊爾。不必說，佛教是以救濟世人為大義。因此僧侶積極參與社會奉獻活動，是極為理所當然的事。

然而若真要說起來，現代日本僧侶是「消極」的。如同先前所述，傳統寺院還仰賴著檀家制度，所以一旦收到訃報就得趕緊準備喪禮；當上住持之後，要在海外從事志工活動在現實中太困難了，要從事寺外活動就必須先取得檀家的理解。不能否認，包括檀家制度在內的日本佛教結構，就是僧侶總是關在寺裡的原因之一。

不過儘管速度很慢，但從事志工活動的僧侶確實在增加。東日本大地震時，有許多僧侶進入災區供養犧牲者或傾聽災民心聲，目擊了前所未有的大災害與災民的苦難，僧侶心中那股一直沉睡著的公益意識，確實醒了過來。

最近，經常聽說地方上的佛教青年會等組織自發性舉辦募款活動的例子。社會對僧侶和寺院的嫌惡與批評雖然沒變，但是有貼近弱者的僧侶存在也是事實，而SVA就可以說是領頭羊。當年SVA開始活動時，東南亞的政情相當不穩定。在波布（Pol Pot）的獨裁政權下，柬埔寨產生了大量難民。此外，在戰爭終結後的越南，有許多難民「Boat People」為了逃離社會主義體制和貧困，而漂流到日本等國的港口，構成中南半島難民問題，在國內外引發了像是捅到蜂窩般的大騷動。

現在，敘利亞難民湧向歐洲各地，發展為使得英國轉向脫歐的重大國際問題。而一九七〇到八〇年代的日本，也是難民問題的當事國。當時，世界用嚴厲的目光看待日本：「日本總是出錢，卻不出人力。」

在那個年代，NGO和NPO還沒有滲透到日本國內。來自海外的嚴苛聲浪，讓包括有馬在內的曹洞宗僧侶受到刺激和驅策，其實SVA就是因此而發跡的。在此同時，由於身為當事國的柬埔寨、越南和寮國等都是佛教國家，所以也對日本佛教組織造成了不小的影響。不僅提供錢和物資等有形的援助，也把重點放在教育和心靈照護等無形的活動上，這就是佛教NGO的特徵。

圖書館變成培養兒童的地方

ＳＶＡ最初的活動據點，是與泰國鄰接的柬埔寨考伊當難民營。考伊當難民營是柬埔寨最大的難民營，林立著用水椰子搭建的簡易小屋，最多有七萬名難民在這兩公里見方的地區生活。整個難民營都被鐵絲網包圍，手拿自動步槍的士兵不時目不轉睛地監視著。

ＳＶＡ在這個難民營從事的第一個活動，是圖書再生。

一九七五年，波布政權推翻先前的政權而成立，在一九七五至七九年的五年間，波布政權接連將知識份子處刑，據說有六成以上的學校教師遭到殺害；同時，該政權也徹底進行焚書，許多圖書因此佚失。有馬的構想是找出還留存的高棉語書籍，將它們重新印刷再版。

從這個活動所延伸出來的，就是後來成為ＳＶＡ活動主幹的「圖書館教育」。難民營和貧民窟裡的孩子遭遇苦境，有馬想要興建圖書館作為他們學習和休憩的場所。於是他參考某家日本寺院的社區圖書館案例，那間寺院就是茅野的寺院，位於松本市的瑞松寺。茅野十五歲時，有馬來到寺裡視察。

瑞松寺的附設圖書館就設在井邊，因此稱為「大井文庫」，通稱「兒童文庫」，其歷史可追溯到明治初期。當時，廢佛毀釋的風潮也波及松本市，瑞松寺毀壞，只有主佛留了下來；廢佛毀釋結束之後，為了籌措重建資金，茅野的曾祖父開始在寺旁邊經營私塾。

茅野的母親戰後建立了一個「跨越不同學習領域，讓孩子可以聚集的場所」，也就是大井文庫。說起來，「文庫」也唸作「fumikura」，據說就是源自寺院。茅野自己也和國小同學一起在大井文庫接觸了許多繪本。（譯註：文庫有另一種唸法為「bunko」。）

他有一位朋友有聽力障礙，茅野原本都以比手畫腳的方式和他溝通，但有一次，朋友用筆談邀請他一起讀繪本。要怎麼一起讀繪本才好呢？無視正在猶豫的茅野，少年從文庫的書架上拿了一本名叫《三隻山羊嘎啦嘎啦》的挪威童話書來。當他們翻開書頁開始一起閱讀，便馬上被抹去了茅野的憂心——小山羊變成了茅野，擊退巨怪的大山羊變成了少年。

茅野說道：「我和他在繪本的世界裡合為一體了。當時和他一起讀繪本的那股感動，成了SVA圖書館事業的原點。不可思議地，我的體驗和有馬先生的構想連結了起來。後來透過和有馬先生之間的交流，我也參與了東南亞的圖書館事業。」

在有馬與茅野等人從事SVA活動的三十五年間，他們開了三百家多家圖書館。在那裡除了出借圖書以外，還會舉辦說故事大會或是母親節活動，發揮了作為難民營社區紐帶的功能。

SVA把這項透過圖書館的教育稱為「初等教育改善事業」。對於沒有機會上學的孩子，首先讓他們學會看繪本，並展露出對學習的興趣，下一步則是讓他們上學。如果孩子對書有興趣，也能同時讓父母和地域知道識字及教育的重要性。結果也有助於改善妨礙孩子升學的童工現象。

十年前，茅野在緬甸的汶旁（Umpiem）難民營遇見了一名少女，他忘不了那名少女的笑容。

當時緬甸的軍事政權與少數民族的反政府勢力，從戰後沒多久就開始持續對立。一九七五年以後，大量難民害怕遭到迫害而湧入泰國。現在，受泰國政府承認的難民營有九處，大約有十萬四千人在此生活。近幾年由於政情變化，難民漸漸回到故鄉，但是問題並未完全解決。

那名少女有聽力障礙。她被趕出故鄉，也看不到未來的希望。處於這種狀態下的她頻繁前往圖書館，那些書籍中也有日本繪本譯本。

茅野有次透過圖書館員和那位少女對話。

「妳為什麼每天都來圖書館呢？」

少女如此回答：「來這裡可以和朋友一起讀繪本，還能學到很多。圖書館的人對我很好，我可以藉此忘記每天痛苦的事。」

茅野再次體會到，創設者有馬撒下的圖書館事業種子長大了，為孩子的內心帶來養分。

茅野強調說：「孩子可以在繪本中和動物對話。有許多父母過世的孩子也會來圖書館。藉此打開孩子封閉的心。」在這些前來圖書館的孩子當中，也有人克服障礙考上大學，甚至當上電視播報員或律師。還有一名男子因為自己出生長大的貧民窟染毒情況嚴重，想要主動協助撲滅毒品而當上了毒品取締官。

現在以外交官身分進行活動的歐拉泰，也是接受SVA恩惠的其中一人。

歐拉泰是在貧民窟典型的貧困家庭中長大的。由於每天過著貧困而放蕩的生活，爸媽經常發生爭吵；只要爸媽開始吵架，年幼的歐拉泰就會逃到SVA的圖書館。後來，歐拉泰繼續在圖書館二樓勤奮學習，據說她幾乎把館內當時一萬冊的藏書都讀遍了。

從國中到高中畢業的六年間，歐拉泰利用了SVA的獎學金制度，然後以接近第一名的成績，從泰國的名校國立朱拉隆功大學畢業；接著到俄國留學，通過了困難的外交官考試。現在她在俄國莫斯科的泰國大使館擔任一等書記官，過著忙碌的每一天。

歐拉泰在SVA的報告書中揭露了她的心情：「如果沒有遇到那間小小的圖書館，就沒有現在的我。圖書館可以讓任何人擁有學習的機會。」

在阪神淡路大地震遇見意想不到的弱者

SVA的活動不僅限於海外。對SVA和日本佛教來說，一九九五年（平成七年）一月十七日發生的阪神淡路大地震是個很大的轉捩點。整個佛教界掀起了熱烈討論：

「僧侶的職責不只有供養死者而已。要是連眼前的受害者都不救，還能算是佛教人士嗎？」這時茅野二十九歲，作為ＳＶＡ的志工進入災區，全心全意從事援助活動。

隨著時間經過，茅野他們見到的是在災民中還有更弱小的人遭到孤立。當茅野巡視神戶市長田區的災區時，發現在半毀的住宅中有老人蹲伏在那裡過夜。

茅野上前詢問：「您怎麼在這裡？」對方回答：「去了避難所又會被歧視，待在這裡還比較好。」

當地是被稱為朝鮮部落的地區。環視四周，有一百多人沒住進組合屋，而是在一旦發生大規模餘震就一定會倒塌的房屋裡生活。

讓茅野等人大為震撼的是，那些人不會讀寫日文，而他們一直以為日本是個識字率百分之百的國家，現實中卻有一群文盲。災區裡有許多在日朝鮮人看不懂日文，因而遭到孤立，他們再這樣下去會拿不到受災證明書，進而無法接受幫助。

因此ＳＶＡ成立了識字學校「向日葵會」，號召地方上的夜校老師或義工前來，以每週兩次的頻率教授日文讀寫。那些在日朝鮮人一開始抱著戒心，但這個圈子靠著口耳相傳逐漸擴大，最後聚集了五十人左右。

其中一位成員是九十歲上下的老婆婆。她頻繁地前來參加「向日葵會」，是個很有熱忱的學生。儘管她年紀大了，但是經過志工仔細教導後，她漸漸學會寫字了。

有次老婆婆在紙上這樣寫：「雖然發生了地震很辛苦，但這條命得救讓我非常感謝。」同時老婆婆還說：「學會寫字之後，堵塞在心裡的東西也跟著消除了。」

茅野說：「或許是識字與否的差距，讓他們心裡產生了芥蒂而緊閉心扉。我們總認為會讀寫文字很理所當然，但現在已經知道不會寫字的人面臨了極大障礙。」

震災後經過二十年，如今向日葵會已經不屬於ＳＶＡ，而是由地方上的志工繼承下去。在公民館實施的識字教室，至今仍然以每週兩次的頻率進行著。據說有成員開心地表示：「我可以一個人坐電車或公車了！」

當二〇一一年（平成二十三年）三月十一日發生東日本大地震時，ＳＶＡ基於阪神淡路大地震的經驗，得以積極參與志工活動，包括在地震發生後即刻煮食賑災、分配救援物資、聽取災民需求、在組合屋舉辦活動與傾聽等等。此外，ＳＶＡ還參考東南亞的圖書館事業，成立了巡迴組合屋的移動圖書館。

「把時代的苦惱當成自己的課題」

從東南亞的圖書館事業及災區的識字教室，可看出文字擁有的力量不可測計。

茅野相信，「繪本」尤其會成為格差和貧困的救贖。特別是孩提時代接觸到的繪本，更會改變之後的人生。茅野把這個活動稱為「慈悲的社會化」，這也是茅野的老師有馬實成經常說的話。

茅野如此解說：「一位在柬埔寨認識的僧侶說，柬埔寨有熱心僧侶參與社會活動的傳統風俗習慣。不率先從事土木事業等社會活動的僧侶，很難得到地方民眾支持。那些只進行最低限度活動的寺院，信徒都漸漸減少了。此外，我也忘不了有馬先生生前說過的話：『有些僧侶有志從事志工活動，但最終還是因為自己寺裡很忙而求去。假如寺院和社會奉獻活動不是一體的話，就無法持續下去。僧侶自己必須成為核心，讓慈悲心滲透到這個社會。』在柬埔寨，信徒反而會聚集到有僧侶作為地域領導者從事社會活動的寺院。我想這換成日本也是一樣的。」

最後，我想把 SVA 創始人有馬實成說過的話介紹給大家。有馬在其著作《地球寂靜》（academia 出版會）的訪談中這麼說：

「曹洞宗寺院在室町時代大大拓展，當時的和尚是遊歷全國的行腳僧。（中略）然而到了江戶時代，寺院的機能卻被寺檀關係束縛住而失去了活力。接著到了近代，尤其是現代，又發生了都市集中和都市化現象，使得『地緣共同體』崩毀，寺院至此喪失了功能。之所以會這樣，是因為僧侶自己沒有先撇開僧侶身分，以『個人』的身分來抱持市民意識，才會隨著安居的共同體崩壞而迷失了自己的職責。要把寺院或佛教怎麼樣根本無所謂，根據釋迦的教誨，這世上沒有任何東西會永遠存續；既然如此，若佛教對社會沒有用處、失去了存在意義，那麼它消失在無常的潮流中也是極為自然之事。最重要的是，每個宗教人士將被要求如何把時代的苦惱當成自己的課題。」

地域再生與寺院

半世紀前還是個只有貓會經過的鐵門街

今年，市民引頸期盼的日子又來了。

與裸體無異的男女，隨著聲音合成器放出的大聲量音樂，開始奇妙地扭動身體，這是前衛舞蹈集團帶來的金粉秀。攝影迷按著快門，閃光燈接連不斷。舞者手上拿著火把，搖曳的火光一明一滅地照亮了裸體，使其在暗夜中浮現。官能之夜隨著觀眾的嘆息迎來了最高潮——

這裡離名古屋第一的鬧街榮地區很近，是大須觀音寶生院的境內。每年秋天在這裡舉行的金粉秀，到了二〇一五年（平成二十七年）已經是第三十八屆了。它成了名古屋的招牌活動，只要說到大須觀音，就會想到金粉秀。

大須觀音大約在七百年前創建，是真言宗智山派的別格本山。境內有幾座獨特的供養塔，像是祭祀脫落牙齒的齒塚，以及供養珍愛人偶或扇子的人偶塚和扇塚。大須觀音一整年都會進行各式各樣的祈禱和供養。這家古剎，與東京都淺草寺及三重縣觀音寺並列為日本三大觀音。

以奉祀靈驗觀世音菩薩的正殿為背景，把平時參拜客爬上爬下的階梯當作舞台，正在進行可視為藝術也可視為下流的金粉秀。

在寺裡舉辦這樣的活動似乎會遭到天譴，就連在網路上都掀起話題：「這是在褻瀆觀世音菩薩嗎？」、「未免太衝擊了！」不，寺院境內進行的不只金粉秀而已，還有真正搭起擂台的職業摔角比賽和街頭藝人表演，到了夏天則有森巴舞女郎扭腰擺臀，還有來自世界各地的 cosplayer 扮成動畫角色，在觀音像前面擺出招牌姿勢……

住持是心胸相當寬大的人呢？還是喜歡舉辦活動的年輕和尚呢？筆者如此想像著，而出現在我面前的，是貫主（編註：即住持）岡部快圓（六十六歲）。直到二〇一二年（平成二十四年）為止，岡部都還是真言宗智山派的宗務總長。真言宗智山派在總本山智積院有個宗教上的最高領導人「化主」，同時也會任命宗務總長作為肩負宗派行政工作的最高領導人；若比喻成日本，化主相當於天皇，而宗務總長則是總理大臣。

「當初開始舉辦裸體舞時我還年輕，一起舉辦的商店街夥伴也是。一般來說，會在寺院舉辦的活動頂多就是盂蘭盆舞，但是在名古屋這裡，寺院光辦盂蘭盆舞是不會有人潮聚集的。不過，出借寺院境內當場地時，我的確會在意信眾的眼光。這間寺院一大清早就有人來參拜，如果一陣狂熱之後有垃圾散亂一地，就會受到大家的批評，所以我們很嚴格地加以管理。信眾對於金粉秀等活動都很寬容，再說金粉秀也有歷史了，如今也不會被人家說三道四了。」

岡部年輕時，對於要成為僧侶這件事很反彈。但是，既然他出生在像大須觀音這種有淵源的大寺院，就註定要成為繼承人。儘管如此，他一度真心想成為飛行員，瞞著父母參加自衛隊的考試也通過了。他有著這樣一段反骨的過去。

這樣的岡部，為什麼會開始利用寺院境內舉辦大膽的活動呢？

「那是因為在一九七〇年代，大須觀音的門前町是一幅慘不忍睹的光景啊！」（譯註：「門前町」為在神社或寺院前形成的城鎮。）

岡部回顧他二十幾歲時說：「讓『鐵門街』這個詞彙流行起來的，不就是大須商店街嗎？一九七〇年代的商店街就是這麼慘，處於只有貓才會經過的狀態。隔著若宮大道的北側就是榮地區，那裡百貨公司林立，商務人士闊步前進；距離榮地區只有幾百公尺的大須，在當時卻完全沒有人來。」（譯註：「鐵門街」形容商店街生意衰退，店鋪都沒有營業、拉下鐵門的景況。）

大須是擁有南北向與東西向商店街各三條的庶民城鎮，拱廊很完備，老字號商店和女僕咖啡廳等大約一千兩百家店櫛比鱗次。路上不分男女老幼，總是有人通行，很難想像這裡在將近半世紀之前都還是鐵門街。

大須的歷史始自江戶時代德川家康的遷都政策「清洲越」。中世紀時，尾張國的中心是清洲（愛知縣清須市），不過家康公在一六一〇年（慶長十五年）興建了名古屋城，以此為契機，就開始了往名古屋的大移動。

那時包括大須觀音在內，有五十家左右的寺院搬遷到位於名古屋城正南方的大須地區。這些寺院大多都沒有檀家，發揮了守護城池的作用，作為前線基地抵擋攻打過來的敵軍。

在搬來的寺院中，除了大須觀音之外還有幾家有力寺院，例如織田信長父親信秀建造的萬松寺，以及行基和尚創建的七寺。當時有寺院聚集的地方就有人潮，自從清洲越以來，大須就成了武士和商人來來往往的門前町，十分熱鬧。（譯註：七寺即長福寺。）

明治初期，有些寺院基於廢佛毀釋等原因廢寺了，至今仍有三十家左右殘存下來，還保留著當時的遺跡。後來這地區也成了一個繁榮的紅燈區，大須觀音後方出現了旭廓，街上開始飄散著猥雜的氛圍。據說到了一八八七年（明治二十年），大須的娼妓人數多達一千四百人。（譯註：「旭廓」為大須一帶的花街。）

大正時期，萬松寺開放寺內領地，商店街更加擴大。直到戰前為止，小規模劇場、電影院、脫衣舞劇場、動物園與棒球場在此林立；若比喻成東京的話，就像是形成淺草那樣的娛樂地帶。

但這熱鬧的情景也只到終戰為止。由於戰後的復興計畫，大須北側開通了一條「一百公尺道路（若宮大道）」，城鎮的情況就完全改變了，分割了在這之前都還相連的榮地區和大須地區。若宮大道是一條雙側有八線道的道路，原本多到無法在綠燈時一次通過的人潮，至此斷絕了。

在此同時，地下鐵東山線開通，使得人、物、錢和大企業的資本都集中在名古屋車站前與榮地區；相較之下，交通不便的大須則是凋零了。

到了一九七〇年代中期適逢石油危機，大須的商店街受到更大的打擊。電視普及也使得大須的電影院和表演場地陷入接連關閉的窘境，越來越少人往大須聚集。

「無論如何都需要寺院幫忙」

岡部回憶當時，這麼說：「商店街的年輕人開始發聲，說是必須想想辦法才行。」以商店街的年輕人為中心，開始興起地域復興的風潮。有人提出一個名為「商店街近代計畫」的構想，最大主幹就是「設立大須獨立國」。

這個「獨立國」的構想，是種共存共榮的精神，如果每家商店都只想著自己的利益，那麼整個地域就無法持續生存下去。為此必須強化跨越商業隔閡的「橫向聯繫」。許多點子就在這時具體實現，例如發行共通的商品券和信用卡等等。

為了更強韌地把地域連結起來，也開始活用「寺院」。

岡部的父親在一九八三年（昭和五十八年）過世，岡部以年僅三十三歲之齡就任大須觀音的貫主。在正面意義上，年輕岡部身上並沒有「尊貴貫主」的氛圍。岡部一面和商店街裡年紀相仿的年輕人喝到通宵，一面擬定在大須製造人潮的計劃。

大須商店街聯盟會長今井富雄（六十歲）一邊回顧當時，一邊解說：「其他商店街不會有的大膽構想接連出現，但是，我認為光是這樣仍然無法充分發揮地域特色。由於寺院是門前町的核心，所以無論如何都需要寺院的協助。」

作為商店街近代計畫之一，名為「大須大道町人祭」的活動開始了，其中也包括開頭提到的金粉秀。一位住在大須的表演承辦人提議町人祭：「從前，大須每個十字路口都很盛行街頭表演。如果能夠重現當時的繁華，就能喚回人潮。」

於是，來自全國的街頭藝人聚集了起來，開始表演雜耍、叫賣香蕉、弄蛇秀、鬼屋和人體幫浦等等。以街頭表演為概念的町人祭，每年氣氛越來越熱烈，開始有來自世界各國的街頭藝人聚集到大須來。（譯註：「人體幫浦」原文為「人間ポンプ」，是一種能夠自由吞吐物品的表演。）

可是，光靠商店街或小巷，要作為許多街頭表演的場地還是不夠。為了聚集許多觀眾，並且呈現生動有力的演出，就需要廣大的用地。

關於這一點，大須自從「清洲越」以來就散布許多大寺院，有地方可以容納許多人。但也有人懷疑，保守的佛教寺院會允許在境內進行「太過火」的街頭表演，或是出借寺院內部當作表演者的休息室嗎？

結果那是杞人憂天了。岡部欣然答應商店會所希望寺院無償提供境內作為場地的要求，因為岡部和商店會的年輕人，早已透過酒席營造了良好關係。

「要是有檀家的話，大概會受到許多限制，但我們是信者寺，沒有檀家，所以能夠以自己的自由發想來經營寺院。此外，大須居民的性格是不排斥新事物，而是覺得有趣並接受，這一點也正好。許多居民都認為，假如這可以成為讓衰退市街復甦的引爆點，這點程度的活動還在可接受範圍。話說回來，大須原本就是花魁和藝妓闊步前進的城鎮，金粉秀那類活動正符合這個城鎮的形象。更重要的是，這些活動是建立在『寺院廣大境內屬於地域』的認知上，這是寺院最原本的職責；如果出借境內當場地能夠聚集人潮，寺院也會獲得收益，對我們來說有好處。」

協助舉辦地域活動的寺院，並不僅是大須觀音而已。舉例來說，舉辦夏日祭典時，萬松寺不但是護理站，同時還是森巴舞和哎薩的表演會場；位於商店街的七寺、大光院和富士淺間神社也都會提供協助。（譯註：「哎薩」為沖繩當地傳統舞蹈。）

現在，大須的寺院與商店街頻繁合作舉行活動，春日祭典、夏日祭典和大須大道町人祭由商店街主辦。大須大道町人祭已經成長到能在兩天內吸引將近五十萬人的規模。二〇一六年（平成二十八年）八月的夏日祭典，集結了來自二十六個國家的 cosplayer。

到了正月、節分、彼岸、除夕和每個月的緣日，都有寺院主辦的慣例行事。寺院和商店街之間自然而然地產生了「連結」，既然寺院會協助商店街舉辦祭典，那下次則輪到商店街為寺院的年中行事服務。寺院要舉辦行事時，商店街會幫忙在店頭張貼宣傳海

擠滿 cosplayer 的大須商店街。

報，也有志工會在寺院境內幫忙調度人員。（譯註：「節分」原本指立春、立夏、立秋、立冬的前一天，但後來演變成專指立春前一天，大約在二月三日前後。日本人會在節分這天撒豆子趕鬼、把沙丁魚叉在柊樹枝上擺在門口避邪，並食用名為「惠方卷」的壽司卷。）（譯註：「彼岸」是指春分和秋分當天，再加上其前三天、後三天。）（譯註：「緣日」是與神佛結緣的日子，通常會在緣日進行祭祀或供養。）

大家互相提供人力、場地與構想，藉此炒熱整個地域的氣氛。在「獨立國計畫」實行約二十年後，大須回到了戰前的熱鬧景況。

然而，岡部同時也感受到，要把地域和寺院連結在一起有困難。

「目前我們的合作體制，還沒有加進當初從清洲搬來的其他小寺院，宗派不同也是原因之一吧！由於外國觀光客正在增加，身為地方上的寺院，應該還有很多方法可以讓這裡熱鬧起來。」

現在的日本還有許多以前留下來的門前町，但不和地域交流的孤立寺院還是不勝枚舉。大須之所以成功，或許是因為它位於大都市圈商店街這種有利的立地環境。但是，假如地域和寺院之間沒有接點的話，絕對不會誕生像如今這麼有活力的城鎮。

連結都市與地方寺院

在都市與地方分骨的構想

解除與故鄉菩提寺之間的寺檀關係，把墓移到自己居住的都市——隨著核心家庭化與人口流向都市，全國各地相繼出現這種「墓地搬家」（改葬）的現象。當檀家申請改葬時，似乎大部分的住持都會爽快答應，但筆者也聽說有一部分的住持頑固地不肯答應，因而和施主之間起了爭議。

「我一申請改葬，對方就索取高得驚人的離檀費。」

「住持不願意（改葬時所需的埋葬證明書）蓋章。」

「對方拒絕進行閉眼供養。」（譯註：「閉眼供養」即把遺骨移出原收容處時舉行的儀式。）

這些爭議有時甚至施主還請了律師來，網站上也出現標榜「可代理改葬」的律師事務所和行政書士事務所。

對寺院來說，離檀是他們避忌的事態，就算只是少了一戶檀家，也是相當大的損失。雖然各寺院能從每戶檀家得到的收入不同，但有些寺院的墓地管理費或護寺費（固定收入）每年約一到三萬日圓，假如有喪禮、法事、布施或捐贈時，一年則有數十萬日圓（臨時收入）。

我認為僧侶不應該在施主申請改葬時失去理性，但如果一年中發生多件離檀案例，這對寺院來說是生死攸關的問題。東京都文京區的常德寺，經常接收來自地方的改葬，住持長谷川輝昭說道：「經過計算，這七年來我們寺裡接收了來自八十八家寺院的改葬，像是來自長野、岩手、栃木和埼玉等等。站在接收方的立場，身為住持的我不能介入施主和原寺院住持之間；一旦我不小心插手，很可能會被說是在唆使人家改葬，往往造成反效果。所以，我們寺只有在檀家和原住持之間圓滿達成協議時，才會接收要改葬的遺骨。」

淨土宗的寺院問題檢討委員會曾經調查人口過少地區的寺院經營情況，並於二〇一四年（平成二十六年）六月把報告書刊登在《宗報》上。該報告書向寺院詢問最近二十年來檀家戶數的增減，相較於「增加」佔了十四％，「減少」則佔了六十％；在檀家減少的寺院中，回答「少了一戶到十戶」者最多，佔了二十六％，其次則是「少了十一戶到二十戶」，佔了十五％。

此外，根據日蓮宗於二〇一二年（平成二十四年）六月實施的宗勢調查，關於過去八年來的檀家數量增減，相較於「增加」佔了二十五％，「減少」則佔了三十七％。另外，關於「檀家減少的原因」（至多回答兩項），則有「搬家」（四十八％）及「移到不分宗旨、宗派的靈園墓地」（十%）。

從地方改葬到都市的情況有急遽增加的傾向，要是離檀現象持續下去，寺院總有一天會破產，最後就成為空寺。

要如何阻止地方寺院衰退呢？各宗派現在正針對地方寺院成立對策部門，積極進行調查或舉辦研討會，但還是想不出能夠遏止地方寺院衰退的好方法。然而東京某家寺院的嘗試，卻給了筆者一個啟示。

東京都新宿區四谷的曹洞宗東長寺，位於外苑西大道與靖國大道交會的高樓街，真可說是都市中的都市寺院。它和前述的常德寺一樣，接收了許多從地方來到都市的改葬。

一九九六年（平成八年），東長寺率先在都內拓展生前契約型的永代供養個人墓，因而一夕成名。當時電視和報紙都大幅報導，據說初期每年約有一千人前來簽約。

東長寺並未委託民間業者代為招募永代供養的使用者，而是自行進行業務活動，藉此提升簽約數量。在這層意義上，它讓人覺得是「獨立自主的強大寺院」。簽約租下東長寺永代供養墓的人，將會加入名為「緣之會」的組織，這是取代檀家的會員組織，頗受注目。

成為會員時，不問國籍與過去的宗教或宗派，不過一旦入會就會被視為曹洞宗的信徒並取得戒名。雖然不像過去的檀家受限於制約（喪禮和法會一定要在菩提寺舉辦）與義務（捐款），但某種程度上還是遵循著傳統佛教的現存形式。

最近，這個會員制度在許多擴展無宗教式永代供養墓的寺院中漸漸擴大。二〇一五年（平成二十七年），檀徒與信徒會館「文由閣」在與東長寺鄰接的立地完工了。這是因為東長寺永代供養墓的容量已經快到極限，為了回應民眾想成為新會員的要求，就必須新建永代供養墓。文由閣的永代供養墓有四千五百人份。

在文由閣運作的同時，成立了「結之會」這樣的新會員組織。當結之會的會員過世時，一部分遺骨會暫時保管在文由閣的納骨堂，直到三十三回忌為止。剩下的遺骨可以選擇要埋在東長寺境內的合葬墓，或是在地方寺院採取樹葬。

光靠都市寺院，無法支撐多死時代

「分一部分遺骨在地方寺院」的構想很有趣。

這裡說的地方寺院分別位於千葉和宮城，和東長寺之間是合作關係。過去曾在東長寺當隨從的僧侶，現在成了那幾家地方寺院的住持或副住持。其實，寺院之間互相合作並不是稀奇的事，同宗派內關係深厚的寺院也會組成「法類」，一起舉行法會或喪禮。

但是，法類大部分都由鄰近的同宗派寺院組成，東京與地方都市共同處理佛寺相關事務的型態，可說是相當罕見。東長寺的寺院合作，是基於「守護地方寺院」的理念。

為此，東長寺想出在東京與地方分骨的手法。它創造了一個機制，也就是平常要參拜或舉辦法會時在東京進行，但同時也在充滿大自然的故鄉寺院祭祀遺骨，不與祖先曾生活過的故鄉斷絕緣分，東長寺將此稱為「共同信徒」。

東京寺院與他們合作的地方寺院「互相分享」。分骨時，東長寺會支付五十年份的墓地管理費和津貼給合作寺院；當共同信徒在合作寺院舉行法會時，其布施金額全部屬於合作寺院。對合作寺院而言，這樣可以確保一定的收入。由於另外還領到津貼，算起來實質收入幾乎沒有減少。

可是，為什麼東長寺要為地方寺院如此盡力呢？文由閣的館長手島涼仁說：「我們寺院販賣永代供養墓時，會從地方寺院接收數量相當多的改葬遺骨。過去二十年來，其數量多達兩、三百具。換句話說，我們就是從地方寺院手上搶走了那麼多檀家，對他們感到愧疚。但我們並不只是基於情感上的理由才從事這項事業。即將到來的多死時代，將讓東京的喪葬實況變得艱難，我們對此抱著非常大的危機感。東京寺院不可能成為大量死的收容處，為了降低風險，便先構築起與地方寺院之間的網路，這樣將會拯救未來的東京寺院。」

這項嘗試，目前只限於和曾經是東長寺隨從的僧侶合作。不過，假如能夠跨越「自己人」的限制，讓東京與地方寺院的合作遍地開花，或許可以稍微遏止「寺院消滅」。

之所以這麼說，也是因為當東長寺繼續發展這個機制，地方的檀家就能擁有在都市裡的第二家菩提寺。這樣不僅可以避免開頭提到的改葬爭議，還可以大幅減少改葬費用；每次舉行法會時不必返回故鄉，但又能一直和故鄉有所連結。對地方寺院來說還能防止離檀（確保固定收入），並獲得在都市寺院舉行喪禮或法事時布施的一部分收入（臨時收入）。

手島繼續說：「光是像過去那樣只顧慮到單一寺院的經營，佛教寺院就不會有未來。唯有在寺院之間建立網路，才能讓寺院生存下去。要是地方寺院沒落了，東京寺院早晚也會跟著沒落。『只有東京寺院能生存下去』不過是個幻想。」

第四章

佛教的存在意義

專訪佐佐木閑

佐佐木閑（Sasaki Shizuka）

一九五六年（昭和三十一）生於福井縣淨土真宗的寺院。於京都大學工學系與文學系分別主修工業化學科與哲學科佛教學畢業。京都大學研究所文學研究科博士課程期滿退學。曾留學於美國加州大學柏克萊分校，現為花園大學文學系佛教學科教授。二〇〇三年（平成十五）獲得鈴木學術財團特別獎。曾在NHK教育台節目《100分de名著》擔任來賓，為觀眾解說《法句經》、《般若心經》和《大般涅槃經》。著有《何為出家》（大藏出版）（暫譯，出家とはなにか）、《日日是修行：給現代人的一百個佛教故事》（筑摩新書）（暫譯，日々是修行 現代人のための仏教100話）等書。

日本佛教特殊的成立過程

原始佛教與日本佛教的根本差異

筆　者：佐佐木先生是原始佛教的研究者。佛教經歷了兩千五百年的漫長歷史，至今仍然存在，但日本佛教如今卻在衰退。我想請佐佐木先生綜觀世界的佛教史，來聊聊佛教在現代社會的功能。

佐佐木：我很瞭解古代印度佛教，並且將之作為標準，藉此研究社會與宗教的變化。在談論古代印度佛教之前，無論如何都要先理解其元祖「釋迦的佛教」。只要瞭解「釋迦的時代為什麼需要佛教」，自然就會得出「為什麼現代也需要佛教」的答案。

筆　者：經過兩千五百年的時間，釋迦的教誨在全世界廣為傳播。

佐佐木：在佛教誕生之前，印度有個宗教叫做婆羅門教。當時，按照婆羅門教的教義，印度有種嚴苛的階級制度叫做「種姓制度」，是在印度生了根的社會基本結構。不久終於出現一群不能接受婆羅門教的人，他們主要以剎帝利（王族與武士）階級為中心，主張婆羅門教歷來宣揚的生存方式已經不能滿足他們。儘管婆羅門教的世界觀在當時是社會的共同認知，但他們仍舊認為一旦受限於那種世界觀，就無法過著理想的生存方式，然後便離開了那個「社會」。他們選擇的新生存方式，就稱為「出家」。

筆　者：這和日本的出家形式有點不同呢！

佐佐木：出家絕對不是「捨棄俗世」，而是那些人想要從當時的常識與俗世價值觀，跳脫到其他價值觀，就以出家的形式表現這種行動。所以，原本的出家一定是一種集體行動。許多人對「成為僧侶」的印象都是自己一人孤獨地出家，但原本的出家是指想要脫離一般社會、以特定價值觀活下去的人組成另一個組織，也就是形成一個島社會。佛教把這個由出家集團組成的島社會稱為「僧伽」（samgha）。「僧」就意味著「僧伽」。

筆　者：原來如此。

佐佐木：每個島社會的人都擁有同樣的價值觀，彼此相依為命地活著。但這會產生一個大問題：一般社會——也就是俗世，本質上是追求物質富裕與累積財富，因此提高生產效率就成了必要條件；換句話說，那是個傾全力讓自己更富裕的世界。然而島社會裡離開這個世界的人，追求的是物質並不富裕的其他生存方式，所以生產效率一定比一般社會來得低，也就是說，島社會是個很難填飽肚子的社會。越是徹底追求自己的價值觀，生產力就越低，極端情況下甚至會達到完全不可能靠自己維持生計的狀態。以佛教修行為目的的佛教僧伽，就是像這樣生產能力零的島社會。

筆　者：這樣一來，這樣的島社會就必須尋找能填飽肚子的方法。

佐佐木：是的。要用什麼方法填飽肚子，取決於那個島社會的領導人，是領導人造就了這個組織。因此，島社會的生存方式就取決於領導人的好壞。關於這一點，我覺得釋迦是個非常優秀的領導人，他採用了「布施」這個生存方式，那真是最好的選擇；釋迦建立的僧伽組織，在那之後經過兩千五百年都沒有滅亡，至今依然存在著，這就是證據。

筆　者：也就是接受一般社會的施捨，藉此活下去對吧？

佐佐木：對，完全仰賴一般社會的好意活下去。然而，如果沒有給社會報酬的話，人是不會施捨任何東西的。因此他們要向社會展現「誠實地修行」的「修行者之姿」，這樣一般人就會認為：「如果布施給那麼了不起的修行者，總有一天自己也會有好報，請務必讓我布施。」

筆　者：也就是說，展現誠實的生存方式，就是一種回報了吧？最初想出布施這個概念的人是釋迦嗎？

佐佐木：不是。「布施」是個在全印度扎根的普遍概念，釋迦只是把這個概念納入自己的教義而已；其他宗教雖然也很重視布施，但並不像釋迦那樣完全仰賴布施。像是在路邊撿東西來吃，或是自己種農作物自給自足，都不算是靠「布施」來生活。釋迦要弟子完全仰賴布施，唯有如此，一般人才會認同接受布施者是個神聖的人。在只靠布施生活的同時，遵照自己的價值觀踏實且全神貫注地修行，並且向世人展現出這樣的姿態是非常重要的。假如僧侶平時在寺裡開闢土地自給自足，偶爾拿著缽在街上到處走，是沒有人會施捨他的。

筆　者：話題有點扯遠了。關於現今佛教衰退的原因，是因為僧侶沒有完全浸透在佛教中嗎？

佐佐木：那也是一個很大的原因，不過進一步說，問題在於日本佛教界從來不曾經歷過真正的釋迦佛教，日本的佛教文化並不存在「真正只仰賴布施生活的僧伽」。也就是說日本並沒有任何組織，是為了實現釋迦發想的出家生活而存在的。

筆　者：自從六世紀佛教傳來日本開始，僧伽就不存在？

佐佐木：對，就是這樣。

筆　者：真難以置信。這是怎麼回事？

佐佐木：佛教在一開始是先傳入奈良對吧？

筆　者：對。

佐佐木：奈良的佛教是國家佛教，因此僧侶是國家的財產，換句話說，就是用國家預算養的國家公務員。所以在佛教傳入日本時，「必須靠布施支持僧侶」的意識絲毫沒有在社會上扎根。到了鎌倉佛教的時代，當佛教大眾化，確實有宗派表現出靠布施生存的態度，但這仍舊沒有達到僧侶集體組成僧伽、只靠布施生存下去的層級。他們並未表現出全體僧伽每天早上都去托缽，只靠化緣來的飯菜生活的姿態。於是，在不瞭解「布施」真正意義的情況下，「僧侶幫忙實施宗教儀式，並且領錢作為報酬」的職業觀念，就在日本佛教界生了根。釋迦時代可見的「完全仰賴型佛教僧伽」，從來不曾在日本實現過。

不存在的僧伽與戒律

筆　者： 日本從奈良時代的國家佛教開始，佛教就被政治利用了。當佛教被政治利用的同時，佛教也在利用政治。到了鎌倉時代，個別的宗派接連誕生。進入戰國時代之後，僧兵抬頭，僧侶墮落。到了江戶時代，德川幕府施行檀家制度。日本佛教史的特色，就是佛教完全與國家結合了。

佐佐木： 是的。接著到了明治時代，又迎接了一個重大階段。

筆　者： 也就是佛教和神道教的切割吧！神佛判然令引發的廢佛毀釋。

佐佐木： 對。

筆　者：當神道教與佛教切割時，佛教遭到來自國家的嚴重打擊。另一方面，在這之後選擇神道教的國家進入了戰爭。

佐佐木：沒錯。到了明治時代，佛教僧侶就被允許娶妻了。

筆　者：僧侶開始變得世俗化了。

佐佐木：人都認同僧侶可以擁有個人財產，這是很大的墮落之一。

筆　者：明治時代以後，日本僧侶可以吃肉，也可以娶妻。

佐佐木：對，不過在印度的僧侶本來就會吃肉。

筆　者：是這樣嗎？

佐佐木：無論如何，直到江戶時代為止，儘管只是形式上的，但至少還有著「僧侶必須如何如何」的束縛。但就連這些束縛也在明治的混亂時期喪失，僧侶變成一種職業逐漸世俗化了。

筆　者：日本僧侶被拉到和大眾一樣低的層級了。因此大眾喪失了對僧侶的尊敬與敬畏。

佐佐木：說到佛教世俗化的根本原因，就是日本佛教缺乏「戒律」。從釋迦的時代以來，佛教僧伽把稱為「戒律」的規定流傳了下來。這些規定並不是為了「要將僧侶導向正確的開悟」這種倫理上的目的，而是為了讓完美的社會依賴型組織（僧伽）長期維持其原始型態，也就是以保持組織為目的。

筆　者：那是什麼樣的戒律呢？

佐佐木：戒律中規定了好幾百條禁止事項，基本目的是為了限制僧侶的行動，不讓佛教僧伽被社會大眾在背後指指點點。所以就算遵守戒律，也不見得能開悟。這些規定是為了指導身為僧伽成員的僧侶，做出與「接受一般社會布施」相應且正確的行動。多虧有戒律的束縛，佛教僧伽才不能放棄完全仰賴型的生活。戒律可以防止僧侶墮落。除了日本以外，其他佛教國家的僧侶至今都遵守著這些戒律過生活。

筆　者：也有人把戒律帶到日本來，就是成立律宗的鑑真。

佐佐木：當日本把鑑真和上請來時，國家完全沒有意願要讓戒律在日本生根。把鑑真請來的唯一原因是為了舉行受戒儀式。（譯註：日本律宗稱和尚為和上。）

筆　者：鑑真只是為了舉行受戒儀式才來到日本的嗎？

佐佐木：戒律規定，要創造一名新的僧侶，需要得到十名僧侶承認。

筆　者：也就是說，要讓僧侶誕生，就需要十名僧侶的認可。

佐佐木：沒錯。代表要在日本製造僧伽，首先必須有十名僧侶才行。所以如果不從中國帶十幾名僧侶來日本，一切就無法開始。從聖德太子的時代起，是有僧侶單獨從中國大陸前來日本，但那完全派不上用場。假如沒有十名以上的僧侶集體來到日本創造僧伽，並且當場舉行受戒儀式，就無法生出新的日本僧侶。

佛教這個宗教有著嚴格定義，也就是佛、法、僧。佛就是「尊敬佛陀」，法是「遵從佛陀的教誨」，而僧則是「創造僧伽並過著修行的生活」。這三個要素沒有湊齊就不能算是引進了佛教。聖德太子想將佛教引進日本，也就等於要引進佛、法、僧三寶。

但是就像我剛剛說的，日本在聖德太子的時代還不存在僧伽。當時的朝廷想要設法引進正規佛教，並向中國公然宣示「我們日本是真正的佛教國」。為此必須全部引進佛、法、僧等三要素才行。「佛」很簡單，只要輸入佛像就好；「法」也簡單，只要把經書帶來就好，「三經義疏」就是導入了「法」的證明。（譯註：「三經義疏」是聖德太子所著《法華義疏》、《維摩經義疏》與《勝鬘經義疏》之總稱。）

然而，只有最後的僧伽（僧）怎麼樣都無法引進，因為必須一次帶來十名以上的中國僧侶才行。因此從聖德太子的時代以來，引進僧伽就是日本的夙願。但日本卻絲毫不打算推廣印度那種完全仰賴型的佛教，只是想要最初的十名僧侶，以便作為生出國家公務員僧侶的起點。

筆　者：結果鑑真帶了幾個人來呢？

佐佐木：十四個人。對日本而言，只請鑑真一個人來是沒有幫助的。由於來了足以舉行受戒儀式的十幾名僧侶，便在東大寺的大佛殿前迎接鑑真。這下子佛、法、僧終於在日本到齊，當場就舉行了受戒儀式。

筆　者：這樣一來，只要一次產生幾十名或幾百名僧侶，之後就可以靠自己的國家來生產僧侶了。

佐佐木：沒錯。所以，我覺得誠心誠意想把佛教推廣到日本來的鑑真和上，在那之後大概抱著很大的疏離感度過餘生吧！

筆　者：結果鑑真被國家的意向玩弄了。

佐佐木：沒錯。後來鑑真和上建造了唐招提寺作為隱居的地方。

儘管日本舉行受戒儀式時很遵守戒律，卻不認為根據戒律組成的僧伽組織有所必要。假如根據戒律在日本組成僧伽會怎麼樣呢？僧伽就會擁有自治權，開始靠自己營運。我說過好幾次，僧伽是完全仰賴型的組織，每天早上都要去托缽，然後就是專注在修行上，這在大和朝廷眼中是很不像話的，因為僧侶是要為國家工作的公務員，例如接待中國使節、在天皇生病時舉行治癒儀式、當治安不佳或傳染病流行時，就要舉行鎮護國家的儀式……因為國家需要僧侶來從事這些工作，所以不認可僧伽這樣的組織。

筆　者：僧伽連一瞬間都不曾形成過嗎？

佐佐木：不曾。沒有證據可以證明釋迦時代那種僧伽曾經以它的原形存在於日本。在當時的國家法律體系，也就是律令中有條稱為「僧尼令」的特別法規來規範僧侶和尼姑，但那終究也只是由國家法律來管轄僧尼而已。

筆　者：那時候也開始有尼姑了嗎？

佐佐木：不，並非如此。要成為尼姑門檻很高，還有著和男性僧侶不同的規定。要成為尼姑，首先必須獲得十名尼姑的許可，然後還必須得到十名男性僧侶的許可才行。所以如果不先有男性僧侶組成的僧伽，就不會有尼姑組成的僧伽。

筆　者：也就是說，僧伽從來不曾在日本佛教史上形成過，而是完全與國家結合了？

佐佐木：沒錯。

為了活在現在者的佛教

泰國僧侶受到特別待遇的原因

筆　者：現在的日本佛教之所以會變成這種奇妙的型態，原因就出在起點是吧？

佐佐木：對，就是這樣。在鎌倉時代，法然、親鸞和日蓮等僧侶出現，佛教變得大眾化，布施文化以「熱心信徒支持教團」的形式形成了。可是「必須藉由布施來支持佛教」的概念，並沒有在一般大眾心中扎根。「無論走到哪裡，只要有僧侶托缽，大家都會布施」的情景，並沒有在日本形成。

筆　者：這種布施文化，在繼承釋迦佛教的東南亞做得徹底嗎？

佐佐木：那可真是太徹底了！不但僧侶嚴格遵守戒律，大眾對布施的意願也高得驚人。當然也有墮落的僧侶，儘管如此，一般民眾對布施的意願，還是有著不可估算的力量。

筆　者：東南亞至今仍然遵守著舊有的佛教精神嗎？

佐佐木：對。比方說泰國有一家最受歡迎的寺院叫做法身寺（Dhammakaya），那裡有著可以容納一百萬人的廣場。

筆　者：可以容納一百萬人的廣場？太驚人了！

佐佐木：可以容納一百萬人並不只是因為寺院地大而已。高樓大廈包圍著那個廣場，大樓的一邊長達一公里，廣場周圍被總長四公里的大樓包圍著；大樓內側的廣場鋪了一百萬塊磁磚，每塊磁磚可以坐一個人，所以算起來確實可以容納一百萬人。仔細看磁磚，每塊上面都印著布施者的名字和指紋，代表那片廣場是完全靠布施建成的。

建在廣場旁邊的大樓可容納三十萬人。寺院周圍接連不斷地都是僧侶的居住地，那裡有小河流經，氣氛簡直就像渡假飯店。所有土地、建築物和營運費用，全都仰賴布施。最近還有人批評說：「未免接受太多布施了！」該寺院的規模就是這麼大。

筆　者：我有個疑問，泰國的僧侶人數那麼多，只靠泰國民眾的布施就能維持經濟嗎？

佐佐木：足以維持。泰國有很多人都認為收入的一半是為了自己現在的生活，另一半則是為了死後的來生。他們是為了死後的幸福而布施。

筆　者：把一半收入用來布施，這在日本是難以想像的。

佐佐木：這在泰國之所以行得通，是因為人相信只要布施，下輩子就能輪迴轉世到好地方。

筆　者：我覺得日本人的來生觀和泰國沒有不同……

佐佐木：不，泰國人和日本人信仰的程度不同。泰國人是真心相信有來世。不過，由於泰國逐漸近代化，信仰心薄弱的人是越來越多了沒錯。儘管如此，泰國人和日本人的虔誠度還是完全不同。

筆　者：我覺得日本仍然有相當多虔誠的佛教徒，像是鄉下的老太太。

佐佐木：可是，說到日本佛教徒是否真正打從心底相信來世，還是有些疑問。在泰國，無論來世或今生，人都認為布施會有回報。所以，為了今生和來世，把一半收入用來布施是常有的事。

筆　者：泰國人對僧侶的要求果然還是「清貧」嗎？

佐佐木：對，人期待看到僧侶踏實地專心修行的樣子，所以大家都會布施給僧侶，而不是像日本這樣布施給宗教法人。真正偉大的僧侶就像國民偶像一樣，雖然說是偶像，但看照片也只不過是個大叔或歐吉桑，完全不是什麼帥哥。儘管是滿臉皺紋的八、九十歲歐吉桑，還是有幾萬人聚集在他身邊。

筆　者：泰國的佛教徒比例有多少？

佐佐木：大約有九十五%是佛教徒。確切的僧侶人數無從得知，但目前大約有一萬兩千名年輕僧侶就讀專門培養僧侶的摩訶朱拉隆功大學，人數相當龐大。

筆　者：那可真是非常多呢！

佐佐木：這所大學的所有修行僧，都穿著黃色袈裟過學生生活。換成日本的佛教大學，沒有學生會穿著袈裟走在校園裡吧！

筆　者：泰國僧侶的社會地位如何呢？

佐佐木：當然是受人尊敬的對象。不過，人並未把僧侶和醫生或律師這種高社會地位的職業擺在一起，而是完全獨立的存在。僧侶不是一種職業，僧侶就是僧侶。不過，泰國僧侶可以免費搭乘大眾運輸工具。

筆　者：僧侶在泰國是特權階級吧？

佐佐木：他們無論走到哪裡都有特別待遇。雖然有不少僧侶得到特權就驕傲了起來而因此墮落，但認真做事的僧侶還是很多。

筆　者：關於這一點，日本也有認真的僧侶和糟糕的僧侶。泰國人會對墮落的僧侶感到憤慨嗎？

佐佐木：會。現在的泰國和日本一樣，都有墮落僧侶在敗壞佛教名譽。不過，泰國區分偉大或墮落僧侶的標準很清楚，亦即是否遵守戒律。相較之下，日本衡量僧侶的標準很模糊，兩者很不一樣。

筆　者：泰國人是否不會布施給墮落的僧侶？

佐佐木：何止不布施，甚至還會把他從社會中抹煞。這麼說來，前陣子發生了一件有趣的事，某個網站上有張照片，照片裡是一名戴著太陽眼鏡、手拿 GUCCI 名牌包，正在搭乘私人飛機的僧侶。

筆　者：這還真過份。假如日本出現這樣的僧侶，就沒有人想布施給他了。

佐佐木：除此之外還有另一張照片。同一名僧侶左擁右抱夜總會女公關，被她們服侍著。如何？以日本人的觀感來說，這兩張照片大概都會成為譴責的對象吧！但是，泰國，第一張照片就僧侶而言完全沒有問題。泰國人民不會因為這種事情生氣。

筆　者：就算搭乘私人飛機也一樣？

佐佐木：他的解釋是，那台飛機是信徒希望他「快點來我這裡說法」而派去的。雖然是本人的說法啦。不過，如果太陽眼鏡和 GUCCI 名牌包也是從布施中得到的，那就完全不成問題，因為這並不違反戒律。然而根據戒律的規定，僧侶不可以碰女人。所以，第二張照片是致命傷。

筆　者：犯了戒律的這名僧侶後來怎麼了？

佐佐木：被迫還俗了。根據戒律，光是碰女人還不至於要還俗，大概相當於閉門反省的程度。但由於這件事太有名，那名僧侶無法忍受社會眼光，最終還是還俗了。

佛教的功能是拯救社會和人的絕望

佐佐木：回到原來的話題。剛才我說過，釋迦時代的僧侶，就是不能接受作為當時社會常識的生存方式而出家者，然後名為僧伽的組織就成立了。有個問題是，有了僧伽之後，佛教要怎麼對社會有幫助。這和前面說的「布施給僧伽的僧侶就會有回報」不同，而是僧伽這個組織要如何直接對社會有貢獻。僧伽有力量拯救痛苦的人，例如接納那些痛苦到想自殺的人。「重啟人生」的功能，就是僧伽最大的存在意義。

筆　者：換言之，就是佛教有著「接納社會痛苦」的職責，就像某種社會基礎建設一樣。

佐佐木：對。當釋迦還年輕，尚未出家時，他因為不懂得生存方式的基準而煩惱著。如果沒有創立佛教，釋迦說不定會自殺。釋迦克服自己的痛苦，並且為了和自己一樣痛苦的人創立了僧伽。簡單來說，僧侶要對那些絕望的人親身示範「人生可以重來」，而且還能發揮接納絕望者的功效，是很寶貴的存在。所以在僧伽當中，有很多人都是感到絕望，把佛教當作救命稻草而成為僧侶。

筆　者：原來如此。佛教是個汲取社會絕望的組織。

佐佐木：是的。所以作為收容處的僧伽是最重要的。要是沒有僧伽，一切就僅止於一場單純的個人人生諮詢。

如果有僧伽，就可以邀請對方「加入我們的僧伽」，完全接納那個人的人生。在一般人的認知中，在僧伽修行的僧侶都是做了一般而言絕對辦不到的重大決定，而且人還會對於「僧侶遵守嚴格的戒律過生活」這一點湧現崇敬之心。延續了兩千五百年的僧伽，拯救了數量龐大的尋死者。

筆　者：現在已經無法在日本成立僧伽了嗎？

佐佐木：絕對沒辦法，因為鎌倉佛教在沒有戒律的前提下誕生了。如果現在才要復興戒律的話，日本佛教的教義會崩垮。尤其是淨土真宗，戒律對他們來說就像水和油一樣不相容。僧伽是個完全靠自力修行的組織，但淨土真宗完全否定「自力」。

如今才要在日本佛教成立戒律和僧伽是不可能的。不過即使沒有戒律，如果能以其他形式實現釋迦的理念，或許也能算是理想的佛教存在方式。

筆　者：有沒有機會可以改變日本佛教呢？

佐佐木：佛教教團在今日的日本該做些什麼呢？假如釋迦的佛教是個能夠接納絕望之人的收容處，那麼日本佛教同樣地也必須拯救絕望的人。

我想到的理想例子是，由佛教教團來推動各種自殺防治的活動。成立收容所也是件了不起的事。

筆　者：還有 Grief Care（喪慟照護）也是。

佐佐木：是啊！視做法而定，佛教能在這方面發揮非常好的功能。不過光是傾聽還不夠。如果只是聽對方說話，就算不是僧侶也辦得到。教團全體必須做好痛切的決心，接納那個人的人生——要連這樣的機制都考慮到才有意義。

筆　者：這真是個意義極度重大的任務呢！

佐佐木：經常有人說佛教教團應該從事志工活動，但志工不一定得是僧侶才行。我個人認為，僧侶與其丟下佛教學問全心從事志工活動，還不如還俗並拼命工作繳交稅金。比起偶爾擔任志工，到社會上工作、繳稅金還對國家更有貢獻。如果僧侶要擔任志工，就必須達成只有僧侶才辦得到的任務。為此，首先得習得身為僧侶的素養。無論如何，要優先進行的就是自我鍛鍊與學習。

筆　者：在照顧瀕死之人這方面，日本醫院對於讓穿著袈裟的僧侶進入有所顧忌。

佐佐木：說得也是。不過那是因為日本佛教給了社會這樣的印象。換成在泰國，僧侶進入醫院是完全沒問題的。如果僧侶能站在即將斷氣的人枕邊對他說：「你過去累積的功德，一定會在將來帶來很大的福報。」對信徒來說，沒有比這個更高興的事情了。

可是，如果僧侶在日本的醫院做這種事，大概會被趕出去吧！這就代表，日本僧侶一直以來所做的工作並不是拯救絕望的人，只不過是舉行送走往生者的儀式而已。

筆　者：也就是俗稱的「喪禮佛教」對吧！

佐佐木：是的。日本佛教所做的都不是為了活著的人，而是已經過世的人。許多日本人之所以排斥僧侶，原因就在於僧侶從未為了還活著或瀕死的人做事。

筆　者：這樣啊！在日本大約三十萬名僧侶中，有多少人察覺到這一點呢？

佐佐木：應該有很多人都不太能理解吧！要是不瞭解釋迦的原始佛教就無法理解。看慣了日本佛教的人是不會懂的。那就像是沒有尺，卻要他們測量東西。

只有坐禪才稱得上修行

筆　者：對於各大佛教教團而言，釋迦的佛教意味著什麼？

佐佐木：對各大宗派來說，有「釋迦佛教」這個比較對象很不利，因為他們與釋迦佛教之間絕對會出現不契合的地方。例如提倡「他力」的淨土真宗，會對釋迦教誨中的「自力」產生排斥反應。假如能夠明確地劃分，並主張真宗的教誨與釋迦佛教完全不同，是個新型態的宗教，那就沒有問題，信徒可以自豪地繼續信仰下去。但是假如硬要和釋迦的佛教連結，就必須煩惱無法磨合的矛盾點，這情況在許多日本佛教宗派中都會發生。

關於這一點，最沒有壓力的是禪宗吧！禪宗並沒有特定型態的教義。簡單來說，禪宗教誨的精華全都濃縮在持續坐禪修行中了，所以它和釋迦的教誨很合得來。

筆　者：視宗派而完全不同呢！

佐佐木：以禪宗來說，雖然只是形式上的，但在禪堂裡修行的行腳僧還是會托缽。從這點就可以看出它還殘留著不少釋迦佛教的色彩。

筆　者：在日本的宗派中，除了禪宗以外的宗派也會托缽。但是，只有禪宗確實把托缽融入修行當中，對吧？

佐佐木：沒錯。不過禪宗做的也不是真正的托缽。日本的禪宗主張「托缽是修行」，但其實那是錯誤的。原本的修行是指坐禪，托缽並不是修行，而是仰賴社會生存的僧伽，唯一的生計來源。

筆　者：只有坐禪才是修行嗎？我現在才知道。

佐佐木：是的，佛教原本的修行就只有坐禪和讀經這兩項，坐禪換言之就是冥想。相較於此，托缽只不過是釋迦設下「填飽肚子的手段」，是讓完全仰賴型僧侶靠布施活下去的唯一方法。

筆　者：是指邊走邊接受布施嗎？

佐佐木：是的。托缽與修行沒有任何關係。僧侶本來是不要托缽比較好的，但因為沒有其他維生方式，才不得不托缽。

筆　者：說起來，要在沒有布施文化的日本托缽很矛盾吧？

佐佐木：對。釋迦說過托缽是浪費時間，假如有信徒說「我請客，請來我家」，那就很樂意地去。這樣只要趕快吃完再回來，就可以把剩下的時間全部用來修行。所以，就算不是靠托缽得來的也沒關係，只要是別人給的飯菜，無論什麼形式都可以接受。與此類似的情況在日本也可以看到，例如舉行法會時請僧侶吃飯。

筆　者：原來如此。

佐佐木：還有，禪宗有所謂的作務，也就是把打掃和拔草當作修行的一環。但是作務其實也不是修行，只是一種家事，尤其是拔草，佛教其實是禁止拔草的哦！

筆　者：是因為有所謂的不殺生戒嗎？

佐佐木：不，有點不同。佛教不把植物當作生物，所以拔草不算殺生。不過當時有些宗教與佛教不同，把植物也視為生物，耆那教就是典型的例子。耆那教認為植物是生物，所以他們不會切碎植物，也不會拔除它們。耆那教珍視植物，但佛教僧侶卻毫不在乎地拔草，這情況看在一般人眼中，就會覺得佛教相較之下很差勁。實際上拔草不是殺生，所以沒有問題，但與其他宗教相較之下，就會顯得佛教比較遜色。因此佛教也仿效耆那教，開始禁止拔植物了。

筆　者：這樣一來，沒有戒律的日本現今各佛教宗派，都與釋迦的佛教差距很大囉！

佐佐木：對，它們改變太多，已經無法恢復原樣。尤其「沒有戒律」是日本佛教難以挽救的問題。日本已經不能仰賴戒律，只能靠自己思考新型態的佛教了。原則很單純，就是佛教世界要如何接納並拯救絕望的人和面臨死亡的人，僅此而已。

筆　者：雖然只有少少一部分，但也有僧侶在從事「拯救生命」的活動。

佐佐木：的確有，而且還不少，這是很棒的事。而且這個圈子正在擴大。

作為社會收容處的佛教

要開放門戶，還是支付稅金？

筆　者：您說，僧侶的社會職責就是「拯救面臨死亡或絕望的人」。其實我曾經採訪過一位尼姑，她就是在從事這樣的活動，尼寺和尼姑其實發揮了這類傳統的職責和功能。

佐佐木：我也這麼想。比方說，當一休和尚還是小和尚時，他活躍的世界就是如此。戲劇或動畫經常描寫當時的寺院樣貌，寺裡有個和尚，他周圍有許多可愛的小和尚。那些小和尚都是村子為了減少扶養人口或趕走燙手山芋，而交給寺院照顧的孩子。從古代到戰前，都有這種把孩子寄養在寺裡的風俗。

筆　者：最近有不少把孩子託給寺院的例子呢！

佐佐木：我有個同事的老師也是從小就被寄養在寺院，就這樣成為禪僧。在目前為止的訪談內容中，我說過日本並沒有原始佛教所需的「基於戒律的僧伽」，也沒有接納那些絕望的人，這就是導致佛教衰退的原因。不過日本曾經有過一段沒有戒律，但寺院卻發揮了功能，收容無處可去者的時期。就算不像釋迦的佛教那麼完善，但就連日本的寺院也發揮了與僧伽近似的功能。

筆　者：您是說，貧窮時代活在社會底層的人，由於寺院的存在而得救，寺院也在某個時期對此發揮了功效嗎？

佐佐木：沒錯。

筆　者：隨著社會越來越成熟，人權、個資與法令問題等聲浪開始出現，現今的網路時代也有影響。隨著社會結構改變，寺院漸漸失去功能了是嗎？

佐佐木：的確有這樣的事。不過釋迦時代也有同樣的問題。比方說人權問題好了，當時僧伽不會接受未滿二十歲的人成為正式僧侶。所以假如有人無視孩子的意願，把孩子從兒童諮詢所那樣的設施送來僧伽，並且硬是逼迫他成為僧侶的話，釋迦的時代不會認可這種事情。另外，當在寺裡見習修行的可愛小和尚到了二十歲，也可以自由選擇要就此留在寺裡，或是出社會過著一般人的生活。加入僧伽的原則是，要由本人自己決定，在自己能接受的前提下加入。因此，不可能發生寺院基於人權或個資問題而不能接納人的情況。即使到了現代，接納遇到困難而前來的人，也是寺院的重要功能之一。

筆　者：寺院有個前提是「屬於公有物」，但最近基於預防犯罪等目的，寺院開始把

佐佐木： 這可真令人傷腦筋。此外，一旦寺族在寺裡有私人空間，寺院就會變成私人財產。門上鎖。

筆　者： 這樣一來，日本寺院就不可能成為公眾的收容處了。

佐佐木： 沒錯，這就是最大的問題。現在的佛教寺院之所以無法成為社會的收容處，最大的原因就在於寺院成了寺族的私人財產。

筆　者： 要改變這一點很困難。寺族一旦獲得了私人空間，要他們再次開放門戶是相當困難的。

佐佐木： 是啊！《宗教法人法》也有責任。我認為果然還是有必要修《宗教法人法》。當僧侶以私人財產的型態經營寺院時，應該要課徵相應的稅金。可以根據寺院對寺族以外一般大眾的開放程度，以及讓大眾使用寺院空間的程度來調整稅率。

筆　者： 許多人都誤解是否對宗教課稅一事，我想請您稍微解說一下，不對宗教法人課稅的原因是什麼？

佐佐木： 首先，原始的佛教僧伽已經放棄從事生產活動，所以他們沒有能力生出財產，擁有的東西都是別人的布施；土地、建築物、日用品和食物，全部都是透過布施得到的。要說僧侶擁有哪些權利的話，就只有居住權和使用權而已，他們對於不動產這種大物件並沒有所有權，所以僧侶無法擅自將僧伽的建築物或土地加以處分來換成金錢。

這樣一想，寺院就不是僧伽成員的個人財產，所以當然不會成為課稅對象。那是寺院原本該有的樣子，斯里蘭卡和泰國至今仍然採取這樣的型態。以日本來說，文化廳的確還不認同寺院是個人財產。嚴格來說，寺院是宗教法人董事會管理的共同財產。所以，不對宗教法人的財產課徵固定資產稅和繼承稅是理所當然的事。

這樣一來，住持對寺院的所有權當然也要受限，僧侶把寺院當成個人財產是大錯特錯。所以寺院就要二選一，看是要像一般人一樣繳交稅金，還是要對所有人開放門戶。我所說的開放門戶，意思並不是只讓檀家親近寺院並給予服務，而是寺院接受外面的人作為住民一起在寺裡生活。假如認為「寺院是自己的固有財產」，就必須繳交稅金才行。

相反地，假如寺院主張「寺院是所有來求救者都能平等利用的公有設備」，並實際開放門戶的話，就應該免繳稅金。「想要擅自把寺院當作個人財產，又想免繳稅金」，是個違背佛道的傲慢想法。

筆　者：另一方面，現在寺院還發生了佛像遭竊的問題，寺院必須導入保全系統，到了夜裡則要上鎖。如今參觀佛寺時，不懂禮節的外國遊客變多了，像是破壞庭院裡的草皮，或是亂丟垃圾等等。在這樣的情況下，要把寺院完全開放不

佐佐木：是很困難嗎？

佐佐木：有許多寺院很努力守護自古以來的文化財產，但要是太過重視並仰賴文化財產，反而會自尋煩惱。

筆　者：意思是說要收好寺裡的寶物嗎？

佐佐木：要不就是收在絕對不會被偷的地方，要不就是交給別人管理。總之，要是「仰賴文化財產來經營寺院」的想法太強烈，就會憎恨干擾這個方針的人事，例如不規矩觀光客或惡作劇小壞蛋，這不是佛教人士應有的樣子。此外，似乎還有許多檀家被寺院的寶物洗腦而產生錯覺，誤以為有偉大佛像的偉大寺院裡，一定也住著偉大的僧侶。

真正偉大的僧侶，會從本人的資質中顯露出來。大家都想布施給偉大的僧侶，並且在那個人帶領下一起生活，這才是佛教原本應有的姿態；如果今後想要復興佛教，這樣的姿態有其必要。光是仰賴文化財產無法順利復興佛教。

現代寺院應有的樣貌

筆　者：如今，掀起了一陣讓布施費和喪葬費「看得見」的風潮。

佐佐木：就是透明收費。

筆　者：簡單來說，就是葬儀社會在網路或傳單上明確寫出布施費的金額。有一部分的僧侶加以仿效，在網站上註明布施費。關於這一點您怎麼看？也就是對於布施的定價制度。

佐佐木：我認為這無所謂，因為這就是一般人要的。再說這本來就是布施啊！所謂的布施，絕對是布施的那一方比較大，僧侶則是接受布施，仰賴布施生存。所以既然布施的那一方要求定價，主張明示金額比較容易給錢，還是揭露金額比較好。

不過相反地，應該也有人認為訂出定價的僧侶很不像話，認為那些僧侶「把布施當作什麼了」。我認為這樣的意見也很中肯。

如果是都市寺院，大概會有很多檀家說有定價比較好。換作鄉下的話，大概會覺得僧侶主動定價很不知羞恥吧。既然如此，就傾聽檀家和信徒的意見，大家商量好，然後照著結果做就好。僧侶這一方沒有權利決定如何獲得布施。

筆　者：都市與鄉下對寺院和僧侶的意識有很大差距呢！

佐佐木：是啊！與僧侶聊過就會有這種感覺。我以前和淺草某間寺院的住持聊過，對方說：「我們今後要是沒有律師就無法工作。」據他所說，無論什麼事都有可能發展成官司。就算只是幫忙保管遺骨，都有發展成官司的危險。

筆　者：咦？這是怎麼回事？

佐佐木：遺族來寄放遺骨，只付了第一期的供養費就下落不明，也完全不付管理費；這種沒繳錢的遺骨越來越多，寺方沒辦法，就把遺骨放進合祀墓。結果某天遺族突然出現，抗議說：「把我家的遺骨還給我！」

筆　者：那些人或許還算好的。前陣子有新聞報導，有人把火葬後的遺骨遺棄在超市廁所裡。

佐佐木：大家都為了墓的問題傷透腦筋，火車站的失物中經常出現遺骨。

筆　者：那是故意放在那裡的，因為覺得遺骨很煩人，但丟掉又覺得不妥。儘管如此，又不想拿出幾十萬日圓的費用把遺骨供奉在寺裡。所以就故意「忘了帶走」。

佐佐木：寺院也開始被利用來做這種事了，也就是被選為「暫時保管場所」。那些人假裝要成為檀家，卻不付管理費，但有時又會來看。明明之前都忘了這回事，卻跑來確認寺院究竟有沒有好好供養，要是發現寺方沒有好好供養就告寺院。所以剛才提到的淺草住持才會說：「現在沒有律師就無法工作。」

筆　者：寺院也有受害的一面。

佐佐木：沒錯沒錯，有些僧侶在都市遭了大殃。不過，在鄉下是還沒有聽過這種情況就是了。

筆　者：我想請教您有關地域再生與寺院的關係。以前有過「寺院是地域紐帶」的時代，如今為了讓疲敝的地方都市再生，有人提出可以活用寺院的意見，您對此看法如何呢？

佐佐木：我認為那始終都要用來作為佛教場合才有效，如果只是在寺院境內舉辦爵士音樂會，那樣沒有意義，並不是只要聚集人潮就好。如果只是想聚集人潮的話，只要找藝人來，不管是哪裡都會有人來。

筆　者：寺院經常舉辦落語會之類的活動呢！

佐佐木：大家往往認為有人潮聚集就能證明氣氛很熱烈、佛教很興隆，但這是很大的誤解；想靠佛教活下去的人增加了多少，才能作為衡量佛教是否興隆的標準。即使一時之間有人潮聚集在寺院，但如果那些人不是因為對佛教有期待才聚集的話，就沒有意義了。要在寺院聚集人潮是無妨，但是一定要用佛教相關的主題來聚集人潮才行。不能是其他地方，一定得是寺院，而且要能讓人得到唯有佛教才能得到的收穫——必須是這樣的活動才有意義。

筆　者：也就是一定要與佛教有關。

佐佐木：說句嚴苛的話，「偶爾來聽住持解說教義，心情變得輕鬆點了」，這種程度沒有多大意義。要展現出決心來「接納一個人的人生」才最重要。雖然日本沒有僧伽，所以無法要人「加入僧伽」，但如果去到寺裡就一定有人會認真應對，並且與自己共同分擔各種辛勞，那這樣的寺院就有意義。簡單來說，一家寺院接受別人人生的程度有多高，就會成為那家寺院的價值。

近在眼前的「心教」和「基本教義派」的時代

筆　者：往後，日本的人口結構將會趨向高齡化，並因為核心家庭化而使得獨居老人增加。也就是說，在「沒有商量對象」的情況下，今後日本寺院很可能會反過來處於優勢。

佐佐木：有這個可能。

筆　者：但還是要視做法而定，是嗎？

佐佐木：我是這樣想的。不過要以誰為對象、又要商量些什麼，僧侶自己必須要有內涵才行。一般人和一般人的對話，就只是閒聊而已；若只具有僧侶的外在，內在卻一片空洞，就沒有與人見面的意義和價值。

筆　者：這就是佛教界最大的瓶頸吧？

佐佐木：真悲哀啊，這就是煩惱的原因，所以僧侶必須多學習佛教才行。釋迦說過，佛教就是用來學習的。

許多現代僧侶之所以沒有認真學習佛教，是因為社會價值觀改變了。在法然和親鸞的時代，信徒都真心相信有極樂淨土，也絕對不會懷疑阿彌陀佛的存在。

那就和蘋果會掉到地上是一樣的意思，也就是「真理」。要認為那是真理，才會拼命想去瞭解。現在的年輕僧侶之所以不學習，是因為他們並未打從心底相信自己所屬的宗派教義是真理。

筆　者：懷疑教義的人成了僧侶是嗎？

佐佐木：是的，他們不可能認真學習自己懷疑的事物。

筆　者：是宗派的教義本身有錯嗎？

佐佐木：並不是有錯，而是不符合時代，「世上的真理」會因為時代不同而改變。對鎌倉時代的淨土信仰者來說，「極樂世界有阿彌陀佛」這件事就是無誤的「事實」。然而我們現在這個時代以科學的世界觀為主流，人怎麼樣都不願意相信不科學的東西；因為不相信，所以不認真學習。所以，當那些並不真正相信教義的僧侶被問到他們各自的教義時，他們會做出和「心」有關的解釋。舉個例子，有僧侶說：「其實阿彌陀佛就在我們心裡。」極樂世界應該位於西方才是，卻說「真正的極樂世界在我們心裡」。並非只有佛教會把不科學的事情解釋為「心」，基督教和伊斯蘭教現在也開始說同樣的話，那是一種把所有東西都套在「心」上的手法。我把現今正在發生的這種「宗教一元化」現象稱為「心教」。這是我創造的詞彙。今後的宗教會往「心教」發展，證據就是現在每個宗教的口號都一樣。

「心教」的口號有關鍵字，也就是「心」和「命」，至於動詞則是「活著」。任何宗教都變得可以用這三個關鍵字喊口號了。例如某個佛教教團的口號是「現在，生命正活著你」。到底有多少人知道這在說什麼？

筆　者：唔……

佐佐木：它並不是難懂，而是意義不明。而且這個口號就算拿去其他宗派用，也可以通用甚至沒有異樣感。看到口號的人會覺得「啊啊，是這樣啊」、「總覺得是一句好話」，然後就接受了。前陣子我問一位基督教徒：「把這個標語用在梵蒂岡如何？」對方回答：「非常可行。」

換句話說，各個宗派失去了獨特性。以淨土真宗來說，本來是應該提倡「念佛就能往生極樂世界」，但這樣說在社會上行不通，所以就把一切都套用在「心」上，關鍵字就是「命」和「心」。現在的宗教界是一籮筐的「命」和「心」，人的命和心都變得廉價了。

筆　者：換言之，我們要迎接「心教」的時代了？

佐佐木：「心教」就是宗教今後的模樣，會被千萬人接受，因為它沒有獨特性。這種宗教雖然會被千萬人接受，但它沒有力量能夠拯救一個人的人生。說穿了，就是一時的慰藉而已。

筆　者：那麼，宗教全體會逐漸弱化嗎？

佐佐木：不，它們會逐漸拓展為人心的慰藉，宗教將會開始肩負「一時療法」的功能。由於很多人都認為「宗教只要這樣就好了」，所以這也可以說是宗教正經的樣子。

筆　者：但是，它們救不了人命。

佐佐木：是這樣沒錯。只會讓人覺得很有意境卻模稜兩可的口號，無法拯救人命。其實我現在在想，「慰藉宗教＝心教」當中，大概會時常像以前的釋迦時代一樣，出現其他的島社會。

簡單來說，就是同個教團中會出現「不容許心教」的基本教義派，並組成島社會。比方說，淨土宗或淨土真宗裡，就會有人主張：「阿彌陀佛真的存在，外面的世界一定有極樂淨土，而阿彌陀佛現在仍然活在那裡。」這些人絕對不會消失，因為他們有追隨的信徒，那些信徒是真的很絕望。比方說，在安養院度過餘生的患者不會相信「心教」，而是會偏向基本教義派。

筆　者：那不是異端的新興宗教嗎？

佐佐木：不是，我並非把「基本教義派」這個詞用在負面意義。這裡說的基本教義派，是指一肩扛起宗教原本應達成的任務的少數人，也就是原原本本繼承了教團教誨的人。

那種保有原貌的佛教，就算信徒人數很少，也一定能夠殘存下去，因為那對一部分人來說是無可取代的「生存依靠」。但我想許多佛教徒應該光靠作為心靈慰藉的「心教」就感到滿足了吧！

筆　者：「心教」和「基本教義派」的時代，幾年後會到來？

佐佐木：已經來了。宗教團體中有很多「絕對不相信科學」的頑固者。既然那裡有一定數目的信徒，表示實際上就是有人聚集。

另一方面，看看許多寺院的標語，會發現不管哪裡都是「生命正活著你」或「我的生命正被活著」這種文句，這種情況已經出現了。

以「戒律」精神來檢討現代日本

佛教能夠延續兩千五百年的理由

筆　者：隨著地方衰退，地方寺院也隨之消失。您怎麼看這件事？寺院會消滅嗎？

佐佐木：會吧！與人口過少化成比例，寺院的數量會一下子減少吧！寺院畢竟是由檀家支撐的，當檀家高齡化、地域沒有人了，寺院也會隨之消失，這是不證自明的事，雖然很寂寥但也無能為力。現在，在限界集落的寺院中，有些寺院的檀家都去了大都市，只有寺院留在當地。（譯註：「限界集落」意指人口過少，六十五歲以上的高齡者人數過半，難以維持婚喪喜慶等社會性的活動，快到生存極限的村落。）

筆　者：只有歷代祖先的墓留在荒廢的寺院裡。最後，寺院和墓都會「回歸自然」吧！

佐佐木：就是啊！這已經是一種無可奈何的自然現象了。但另一方面，雖然只有少數，但的確也有一些專業而正規的僧侶，抱著「接納一個人的人生」的決心。

筆　者：您怎麼看待僧侶兼職呢？許多僧侶因為填不飽肚子而開始兼職，他們應該抱著勇氣辭職嗎？

佐佐木：不，我不會這麼說。因為現在和以前不一樣，並不是在修行和職業之間二選一。真要說起來，這個時代就算從事朝九晚五的工作，也還是能在下班後進行僧侶的修行。而且隨著網路發達，學習佛教的方法也不太受限。現在是個非常輕易就能收集到資訊的時代，即使兼職，成為正規僧侶的可能性還是很大。換言之，這是個任何人都能學習佛教、有餘裕從事修行的時代。只要能堅持住修行生活，僧侶兼職是沒有問題的。

簡單來說，就看僧侶是否能在兼職的同時，把剩下的時間誠實地用來當一名僧侶。如果僧侶下班後拿兼職賺來的錢去打小鋼珠，那是不行的。

筆　者：這樣啊！

佐佐木：僧侶有力量接受他人的人生，而且把出家視為「一種引以為傲的生存方式」是最重要的。最大的問題在於有些僧侶並不以出家為傲，只是視為一項「工作」。

筆　者：佛教能夠活用在商業上嗎？

佐佐木：可以吧！

筆　者：比方說活用在哪方面呢？

佐佐木：首先是組織論。商業很少是單打獨鬥的，要從事商業就需要組織，重點在於如何經營這個組織。如果首要目標是擴大組織和提高市占率的話，就別向佛教取經，改為學習孔子或老子的教誨或許比較好。

不過如果想建立持久的組織，佛教的僧伽理念會有很大的幫助。僧伽是個延續了兩千五百年的組織，是世界上壽命最長的組織。而且，用來經營這個組織的「戒律」，從兩千五百年前組織成立時就一直用到現在，即使社會變遷，組織的基本骨幹還是屹立不搖──在這層意義上，佛教有著非常柔軟而強韌的力量。分析「佛教僧伽為什麼能夠殘存下來」、「為什麼現在依然存在」，對於要延續組織來說是非常有用的。

筆　者：尤其對經營家來說，學習佛教是很重要的嗎？

佐佐木：最理想的情況是，除了經營家以外，社會大眾也能同等地共享這些知識。佛教僧伽的理念不僅能用於公司組織，對社會上各式各樣的組織也都有效。

具有「自淨作用」的組織將會殘存

佐佐木：使用佛教的組織經營法而有效的代表性例子，就是科學界。科學家組織並未把擴大組織擺在第一位，它最大的目標是正確地進行科學研究，所以佛教對它而言是很好的範本。引起「小保方事件」的理化學研究所，就是完全不瞭解這個基本的道理。（譯註：「小保方事件」意指日本細胞生物學家小保方晴子之STAP

細胞論文造假事件。）

科學家就是為了追求自己所選的、有價值的道路，不從事世俗工作，把自己奉獻給研究，所以他們的本質和出家很像。科學家就是一種出家人。

筆　者：兩者乍看之下像是相反的。

佐佐木：由於科學成果偶爾會派上用場，所以往往認為科學是對社會有益的活動，但科學原本是沒有任何用處的。

想要奉獻一生發掘真理、有著出家精神的科學家先撒下最初的種子，然後被繼承下去，在應用的過程中逐漸變得實用，成為一種對社會有用的技術——科學發展就是不斷重複這樣的過程。因此，若不能理解出家這種生存方式的社會，就不可能發展出真正的科學，因為這樣的社會只會重視技術改良。

舉例來說，像大霹靂（Big Bang）這種研究對現代社會沒有任何用處；然而看在一般人眼中，研究大霹靂的太空物理學者卻是「在做很棒的事，很帥氣」。另外，儘管大霹靂的研究如今派不上用場，但那些研究者卻還想著它或許會在一百年或兩百年後為我們帶來很大的利益，期待著那麼遙遠的回報。就是這種期待感，還有稅金在支持著這些大霹靂的研究者。日本還殘存著這樣的風氣是種幸福，但這風氣也逐漸變得不穩了。

筆　者：這樣聽起來，科學家和僧侶是一樣的。

佐佐木：研究費和薪水，全部都是「布施」。幾十億、幾百億日圓的研究費，全都是社會給科學家的布施。這樣看來，就能看出佛教和科學在組織上有著相同結構。如果說到接受一般社會布施後要給出什麼回報，以僧侶來說就是正當而踏實地修行；以科學家來說，就是真誠而踏實地投入研究。

筆　者：發生理研這樣的事件，就會動搖科學的根基。

佐佐木：就是這樣。要比喻的話，那就像是僧伽裡有僧侶不守清規、不誠實、打從根本否定戒律的規定並做了壞事，但僧伽卻不處罰那名僧侶一樣。佛教僧伽有著戒律，就證明僧伽有自淨作用。按照戒律規定，一旦有僧侶違規就會主動處罰，視情況還有可能加以驅逐。社會也很清楚這一點，願意信任僧伽的自淨能力，所以大家才會樂於布施，藉此支持僧伽。但世人已經知道，理研不僅沒有戒律，甚至也沒有訂下戒律的意願。這時社會就認為理研裡有很多造假的人。真正有問題的或許只有小保方一個人，但人已經認為理研裡也有許多同樣的研究者了。結果就是整個社會不願意再布施了，因為認為科學家不值得他們布施。我不知道理研未來會如何，但如果不構築相當嚴格的自淨系統，理研早晚會自然消滅。

筆　者：這換成一般企業也一樣。要是被顧客拋棄了，最終就是倒閉。企業不能做會被社會指指點點的事情，誠實地進行商業活動是很重要的吧！

佐佐木：是啊！是否有自淨作用果然攸關生死。為此，企業一開始就必須導入會自動進行自淨作用的規定。

筆　者：原來如此，如果不能處罰社長的話是不行的。等到事情發生了才來構築自淨作用是不行的，社長看心情來處罰員工的組織更是糟糕。說到底，企業裡也必須有用來處罰社長本人的規定。

佐佐木：是的，一個組織必須要社長和員工同等地受罰才行。

筆　者：會被人稱為黑心公司的企業，就是沒有做到這一點吧！

佐佐木：沒錯，所以黑心公司最後將會倒閉，沒有自淨作用的組織將會崩壞，這由歷史就能證明。奧姆真理教的原教主松本智津夫死刑犯（麻原彰晃）也一樣，不建立戒律，而是由自己擅自決定所有事物的對錯。因為他恣意決定組織一切的營運，最終才會招來失控。

所以，組織營運絕對需要能夠全自動地、平等適用於所有成員的法治主義系統，這將為組織帶來自淨效果，進而有助於組織的社會信用。佛教戒律正是為了形成這種自淨作用的律令集。

筆　者：如果社會大眾想要學習戒律該怎麼做呢？要在哪裡學習才好呢？

佐佐木：其實關於戒律的研究，在佛教學裡是最晚的。這是因為日本佛教沒有戒律，所以幾乎沒有佛教學者學習戒律。而且，在那些實際遵守戒律的佛教國家，戒律是用來遵守的，而不是用來作為研究學問的對象並受到分析。這一點終於在最近二十年受到糾正，所以如果想要學習戒律，並沒有那種「只要讀了這一本就沒問題」的指南書。雖然我寫過幾本給一般人看的解說書，但裡面也只寫了一部分而已，像我在這次訪談提到的話題，書裡面都沒有寫。雖然這些話題都很有趣就是了。

筆　者：確實很有趣。

佐佐木：很符合時代呀！其實，剛剛提到的大霹靂話題是真人真事。我和物理學家佐藤勝彥先生有交情，當我對他說「你做的事對社會沒什麼用」時，他一臉愉快地說：「就是說啊！但是，大家願意支持我做這種事，讓我很開心。」這是因為他純粹追求生存意義，並且對自己的人生引以為傲，才能說出這樣的話。

本質沒變，是型態變了

僧侶受人尊敬的條件只有一個

筆　者：二〇一五年，日本迎來了戰後七十年。事實上，佛教在過去曾經參與戰爭，部分教團為此道歉。但至今仍有許多佛教教團對過去參與戰爭的責任保持沉默。關於佛教對戰爭的責任，您有什麼看法？

佐佐木：佛教當然有責任，我說的責任並不是指佛教必須為協助太平洋戰爭負責。佛教的責任並不在於是否協助過戰爭，而是根本不該對政治插嘴。佛教原本是以不插嘴政治為宗旨，因為佛教建立的前提是希望所有人都獲得幸福。站在佛教的立場，如果某件事能讓一個人幸福，相對地卻讓其他人不幸，那麼佛教絕對不能和這種事情扯上關係。佛教必須抱著讓所有人都安樂的想法才行。我先前之所以會說「佛教必須拯救絕望的人」、「拯救自殺者是佛教的原始意義」、「成立收容所也很重要」，是因為這些都表現出「佛教想要一個不漏地拯救所有人」的信念。另一方面，我認為佛教不能和廢除死刑制度扯上關係。假如提倡廢死，當然能夠拯救被判死刑的人，但廢死也可能導致有人受害。只要有任何一個人會因為廢除死刑而承受某種痛苦，那麼佛教就不能對這件事插嘴。

佛教不是用正負相抵的方式來思考人的幸福，思考這種事是政治家的工作。「不讓任何一個人受苦」是佛教進行活動時的絕對條件，這是釋迦的信念。只和讓所有人都能獲得幸福的事情扯上關係，就是佛教的理想狀態。佛教界不該參與戰爭的理由就在這裡。

不過，像是「讓世界和平吧！絕對不能使用暴力」這種發言就完全沒問題。就算說了這種話，也不會有任何人受害。但是佛教不能針對個別事件插嘴說「這場戰爭是好的」、「這場戰爭是壞的」，因為可能會有人因此而變得不幸。噤口不言，只是仔細檢視自己是否違背了釋迦的教誨——這種態度是必要的。我總是說佛教是心的醫院，所以佛教的目的就是誠摯地治療耐不住內心痛苦而前來求救者。這就是佛教唯一的存在意義，請一定要好好理解這一點。

筆　者：那麼如今佛教界的情況如何呢？

佐佐木：從上述這一點來看，現在的佛教界裡當然有很多僧侶做錯了。雖然也有僧侶以世界和平為藉口，針對政治做出各式各樣的發言，但這不是好事。只要那樣做會讓任何一個人不幸，就失去了作為僧侶的資格。

核電廠議題也是如此。雖然佛教界興起一股反對核電廠是理所當然的風潮，但佛教界的人不可能預測推動核能或廢除核能在未來會有什麼樣的結果。當核電廠繼續存在，很有可能會再發生那樣的悲劇，光看這點就會得出反對核能的結論；但另一方面，也有人會因為核電廠繼續存在而從不幸中得救。提倡廢除核能的佛教界，必須對那些人負起責任，這個議題不該由接受社會布施來養活自己的僧侶插嘴。在這個世界上，有很多事情是佛教不可以插嘴的。我也是個人，也會對那些個別議題有著個人見解，但是身在佛教界就必須自制，別在公開場合發表個人見解。針對政治議題支持特定見解，對佛教來說是個罪孽深重的行為，腦死議題也一樣。

筆　者：原來如此。但是，佛教界卻很想發言。

佐佐木：是的，那是僧侶自己的傲慢，因為他們誤以為佛教有力量理解許多事。但是佛教唯一能做的，就只有拯救絕望的人，沒資格插嘴經濟或政治。要是沒有正確資訊和敏銳的知性，就無法對世上的許多事情做出正確判斷，千萬別認為那是佛教的能力所及。例如我聽說有位僧侶做出這樣的發言：「政府設下的放射能危險值不能相信，大可無視那種東西，進入危險地帶普通地過生活。」應該有聽了這句話的人認為「既然偉大的僧侶這麼說，那就是如此了」。沒有任何根據就做出那樣的發言，而且還打著佛教的招牌，這是極危險的事情。

身為靠社會布施過活的社會依賴者，佛教人士對此應該要更有自覺。就算只是做表面工夫也好，應該要貫徹「希望世上所有人都安樂」的態度。對於自己的行動，要遵守佛教的教誨並嚴以律己，對社會則是要作為接受布施者謙虛以對。

筆　者：在現在的佛教教團當中，還留有宗議會和類似長老制度的東西。是某種權力結構導致那樣的發言嗎？

佐佐木：對，他們覺得說了某些好聽話就會受到尊敬。然而僧侶受人尊敬的條件只有一個，那就是誠實且謙虛地過著修行生活。插嘴份外的事情，結果就是心底的傲慢被人看透，失去世人的尊敬。

假如無論如何都想針對政治議題發言，就應該加上但書，表明「這不是身為佛教僧侶的發言，而是我的個人意見」。

佛教的本質自古不變

筆　者：我瞭解今後的宗教將會趨向「心教」，而未來日本人各自的宗教觀將會變得如何？

佐佐木：美國現在有五百萬個佛教徒，大部分都不屬於任何宗派，而是自己一個人透過網路學習修行方法，也就是個人主義佛教。所以僧伽的型態也在轉變，不是實際的集團，而是透過資訊網連結起來的集團。

筆　者：您是說型態會轉變為現代風嗎？

佐佐木：沒錯，我覺得這很有趣。那些人稱為「Night-stand Buddhists」，下班後回到家，拉上房間窗簾，點亮檯燈自己修行。Night-stand Buddhists。

筆　者：那些人的依歸不是寺院也不是僧侶，而是「教誨」嗎？

佐佐木：對，就是「教誨」。大概就是在泰國或緬甸修行的僧侶，把修行方法上傳到網路，全世界的信徒透過網路照著課程做。要把這個視為「心教」或是「基本教義派」因人而異，但總之是正透過網路形成某種虛擬僧伽。

筆　者：禪在歐美引發了潮流對吧？

佐佐木：那已經舊了，現在不流行禪了，而是繼禪之後的第二波、第三波流行。

筆　者：禪已經過時了嗎？

佐佐木：禪在某些地方至今仍然很受歡迎，並不是一時的趨勢。在禪之後進入的是藏傳佛教，繼藏傳佛教之後，現在傳入的是以緬甸為中心的南亞佛教國上座佛教，這個最受歡迎。

筆　者：那是什麼樣的佛教呢？

佐佐木：簡單來說，人關心的越來越接近釋迦的佛教了。以前有許多日本禪僧到國外開了修行道場，但因為那些組織並未形成健全的僧伽，所以都崩垮了，甚至還有僧侶被控告性騷擾。禪在美國的評價尤其有下降的趨勢。

筆　者：您認為日本人的宗教觀正在衰退嗎？

佐佐木：不，衰退的是佛教教團，我感覺佛教教誨還是浸透在每個人心中，所以佛教應該會殘存下去。無論是釋迦的佛教，還是後來的大乘佛教，本質都是「把人從活著的痛苦中解救出來」。

無論文明多麼發達，「我們是人」這點不會改變。換句話說，我們仍舊要背負「生之痛苦」過生活。既然如此，佛教應該會是重要的依歸，繼續發揮支持人的功能，不受時代轉變影響。

不過重要的是，佛教的用法會隨著時代改變。在許多人轉向「心教」的現代，為了拯救一個人的人生，應該要構築什麼樣的系統？在這個二十一世紀的現代社會中，為了讓自己的宗派和教義好好發揮機能，要怎麼使用這個系統才好？我希望日本佛教的僧侶經常思考這個問題。為此，學習佛教是第一要務。

雖然我說了很多任性的話，但我身邊其實有許多僧侶實際這麼做，他們真心希望能夠從事有意義的活動，並大大活躍著。日本明明就沒有戒律的束縛，但也有僧侶要求自己過著嚴格的禁欲生活。

看到那些僧侶的身影，我覺得就算型態改變，日本佛教今後還是不會衰退，而是會延續下去。倒不如說，由於近幾年有人大聲疾呼日本佛教正在衰退，反而讓許多僧侶抱著危機感繼續走下去。我打從心底希望大家能夠更精進修行。

筆　者：謝謝您。

後記

本書開頭提過，我除了擁有淨土宗僧侶的頭銜之外，平時還在日經 BP 出版社擔任記者。我現在隸屬生活資訊雜誌編輯部，但直到二〇一六年三月為止都還是經濟雜誌的記者。在這之前還曾在報社當過三年的社會新聞記者，以及四年的政治新聞記者。

社會新聞、政治、經濟、生活資訊，然後是宗教……我自認不是窮究專業領域型的記者，而是「候鳥型記者」。我的記者同事有些人才華洋溢，徹底深入業界，並取得許多重大新聞。到目前為止，我從來不曾取得能向他人炫耀的獨家新聞，同時也感覺到自己身為一個記者的極限。

儘管如此，面對日常生活中的小小疑問和不合理，我還是持續做著向世人呼籲的工作。實際去到現場並親身體驗是最基本的，然後就是進行調查、寫成文字。由於我跨越了不同的類型，廣泛地觀察過這個社會，有時候會得到意想不到的體悟。

除了寺院議題之外，我還有好幾個作為終身事業的課題，其中一項就是北方領土爭議。我曾三度拜訪北方領土，第一次是於二〇一二年時登上擇捉島，二〇一三年則是色丹島，二〇一五年則到國後島和擇捉島採訪並發表報導。（譯註：「北方領土爭議」是指擇捉島、國後島、色丹島、齒舞群島等四個島的主權歸屬問題。）

沒想到，前去拜訪北方領土，竟然讓我掌握到寺院與墓地問題的本質。

我以無簽證的方式參加了拜訪北方領土的活動。之所以不帶護照或簽證，是為了不侵害為主權而對立的雙方立場。我們搭著出租船，從北海道根室港前往當地。除了原本的島民和其家人以外，得以進入北方領土的僅限學者、返還運動相關人士和媒體。

無簽證拜訪的目的，是為了在解決領土爭議之前先與當地的俄國人交流，在民間建立互相理解與友好的關係。這樣的無簽證拜訪活動從一九九二年（平成四年）開始，每年夏天都會實施好幾次。每次拜訪當地的天數大約為四到五天，這段期間會固定舉辦某項活動。

那就是掃墓。不用說也知道，直到終戰為止，北方四島住了許多日本人。自明治時代以後，各佛教宗派隨著北海道開拓使進出北方四島，色丹島在過去某個時期還曾經是東京芝地區增上寺的領土。

由於蘇聯軍在戰後的侵略，原本散布在島上的寺院全數遭到破壞，現在已經無影無蹤。只有不會腐朽的石製墓碑還好好地留在當地，證明這塊土地曾是日本領土。

除了我參加的無簽證拜訪之外，北方領土交流活動還有其他種類，像是只以掃墓為目的而拜訪當地的「北方掃墓活動」。這從舊蘇聯時代的一九六四年（昭和三十九年）就開始實施了。站在人道的立場，舊蘇聯允許這些活動，實現原島民想膜拜留在北方領土的歷代祖先之墓的心願。

以無簽證方式前去掃墓時，要在有限的時間內除草、點上線香。原島民的平均年齡在二〇一五年時就超過了八十歲。他們用手摸著墓碑，對往生者說話，一邊祭拜一邊回憶著遙遠的故鄉情景和過世的家人。

當我拜訪擇捉島時，一位同行的原島民告訴我一件難以忘懷的事。

住在根室市的鈴木咲子女士直到小學四年級為止，都住在擇捉島上一個名為蘂取的村子裡。終戰後十三天，也就是一九四五年（昭和二十年）八月二十八日，蘇聯軍佔領擇捉島。鈴木女士大約和蘇聯人一起生活了三年，最終仍被趕出故鄉。

當鈴木女士再度拜訪擇捉島，已經是四十三年後的事了。

「登島後，發現原有的六十幾間日本房屋全部毀壞，村子變得面目全非。對此，我不但說不出話來，也流不出眼淚。去了墓地也不知道父母的墓在哪裡。我還記得自己在慰靈祭上為了長時間沒來掃墓向父母道歉，並一心一意地祈禱。當我於一九九〇年代初頭前去拜訪時，日本拜訪者和蘇聯島民之間關係很緊繃。有一次，把我迎進家中的蘇聯人問我：『妳恨不恨現在在島上的蘇聯人？』我認為這是個好機會，就老實回答了：『你們竟然破壞了村子和墓！為什麼要這麼做？』

然後，那家的太太流著眼淚向我道歉：『蘇聯人也和你們一樣敬重祖先。我們真的做了很過份的事。』那時候，我覺得一直以來擱在心上的事，一下子消除了。」

戰後七十一年，外交上的領土交涉仍舊處於膠著狀態。但是從鈴木女士的經驗談當中，我能感覺到尊敬、供養祖先的心跨越了國境，也跨越了人種與民族之間的隔閡。

多死時代來臨，大都市裡的遺體開始徬徨。廢墓和直葬之類的簡易葬禮逐漸增加，也有許多人對墓或死後世界漠不關心。「無葬社會」似乎是不可避免的。然而另一方面，打從心底想要供養往生者的心意，卻是全世界的共通意識，而我相信它們將會帶給社會滋潤和安定。

那麼，來回顧本書的採訪過程吧！在《寺院消滅》出版後不久的二〇一五年春天，我腦海中就已經有了本書的構想。我在《寺院消滅》中描寫了地方寺院的貧困，但另一方面，我卻無法消除「那都市寺院如何呢？」的疑問。

目前看來，都市寺院正在多死社會發揮它作為墓的收容處的功能，乍看之下似乎很興隆。然而由於生死觀稀薄化、人對佛教界的嫌惡以及錢的問題，我還是擔心都市寺院早晚也會衰退。透過許多描寫死亡現場的報導，我腦中浮現了多死社會的構圖，想要找出宗教的職責。

與前作《寺院消滅》一樣，我貫徹了親臨現場的理念。然而採訪工作卻出乎預料地難以進展。要採訪死亡現場，特別是火葬場，難度非常高。我現在仍然能夠清楚地憶起，當我想向首都圈某家火葬場約時間採訪時，遭到對方冷淡地拒絕，忍不住在電話這頭激動起來的情況。

「採訪？不可能。這裡可是火葬場耶！竟然說什麼為了取材而想看現場？這不管哪家火葬場都會拒絕吧！」

「為了描寫多死社會，無論如何都必須採訪火葬場！火葬場是所有日本人最終抵達的地方。要是不看死亡的最前線，就無法提出議題——」

此外，我也經歷了許多難得的體驗。令我記憶特別深刻的，就是去採訪第三章介紹的、持續援助街友的「一匙會」。

真要說起來，我其實對志工活動不怎麼關心，但還是在困惑中加入了他們的活動。志工們仔細清洗大鍋，花時間炊煮米飯，用不熟練的動作捏著飯糰，然後把飯糰以幾十個為單位放入側背包裡，前往夜晚的街道。那些要配送的飯糰重量，讓我嚇了一跳。

我把飯糰一個個拿給街友，春天的夜晚冷得教人發抖，我甚至還曾被醉漢纏住。冰冷的雨落了下來，我撐著傘向街友攀談。

當我往一片黑暗的紙箱屋中窺視，便和「叔叔」四目相對。

「我拿飯糰來了。」

「一直以來都很感謝。」

街友對死在街頭的夥伴抱著哀悼心。我瞭解除了「死」的現場之外，也要貼近「生」，才是現代僧侶應有的模樣。

當我們在都市裡過著平穩生活，對死亡的真實感會變得稀薄。一旦被眼前的工作和雜務追著跑，想起故鄉或往生者的機會也跟著減少。自己或伴侶的死亡總有一天會來臨，但也因為當下的享樂而不去預測。

是整個社會中每個人對死亡的漠不關心，創造出了「無葬社會」。

死亡會造訪每一個人。正因如此，才希望大家都能正視無可避免的死亡。

我家隔壁還遺留著昭和時期文豪武者小路實篤的舊宅邸。在這裡，我想分享一段實篤曾打動我的話：「往生者對生者的愛如此美妙。在世者感謝往生者的功績，是當然且自然之事。儘管往生者無從得知此事，但若想到人對死後的自己並不冷淡，也並非令人不快。」（《人生論．關於愛》）

最後，我想介紹幾位協助本書出版的人。

「一匙會」吉水岳彥先生從事的草根性活動令人欽佩，在上野公園與他一起分送飯糰，是一段無可取代的時光。

此外，我還和許多採訪對象結下很棒的緣分。

在製作層面上，如果少了許多相關人士出力，本書就無法問世。

從構想階段開始，我就決定本書的封面照片要委託長年的老朋友，亦即攝影家塚田直寬先生，承蒙他拍攝了與本書書名很相襯的照片。今年蓮花歉收，也感謝設計師郡山雅代小姐特地遠赴福島縣取得蓮花。

本書最初是在沒有編輯的情況下開始撰寫，當時我內心充滿了不安，但很幸運地，後來得以委託日經的大前輩酒井弘樹先生擔任編輯。

對於包含淨土宗在內的佛教相關人士，以及我隸屬的日經 BP 出版社同仁，謝謝各位的激勵。

另外，關於在本書中登場的人，其年齡和頭銜都是採訪當時的資料，也容我省略敬稱。對於本書所有的相關人士，我打從心底致上感謝。

近期，我打算以「現代社會與寺院」為主題，信步踏上採訪之旅。

二〇一六年九月吉日

鵜飼秀德

後記

相關資料

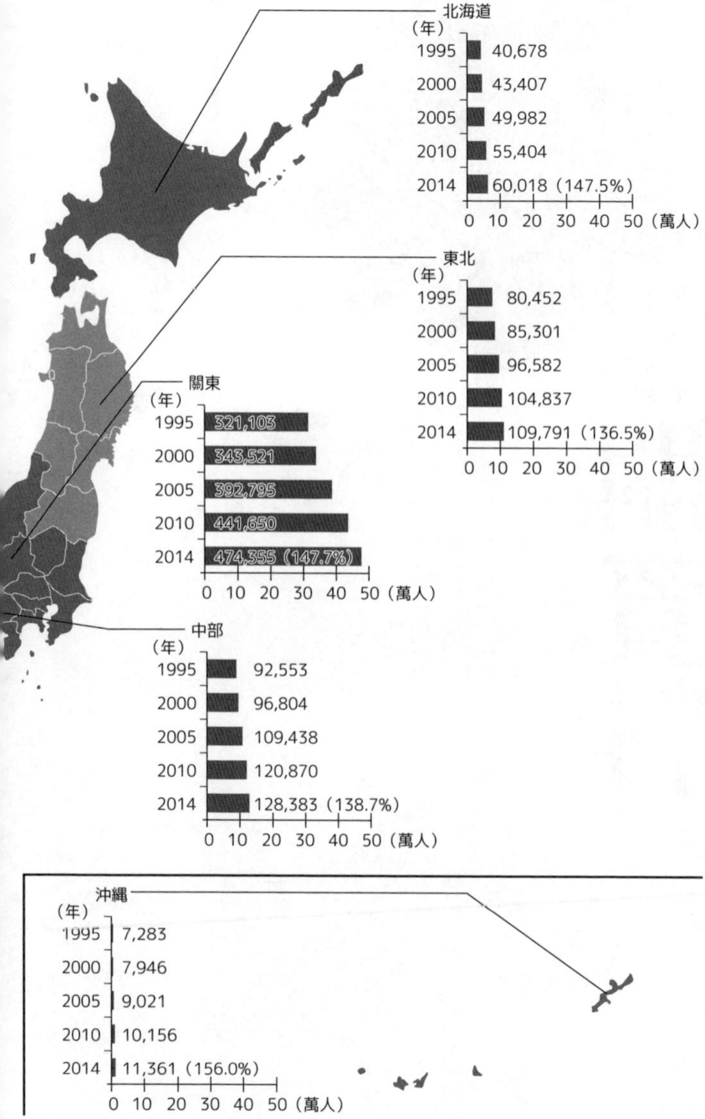
北海道
（年）
1995 40,678
2000 43,407
2005 49,982
2010 55,404
2014 60,018（147.5%）
0 10 20 30 40 50（萬人）
東北
（年）
1995 80,452
2000 85,301
2005 96,582
2010 104,837
2014 109,791（136.5%）
0 10 20 30 40 50（萬人）
關東
（年）
1995 321,103
2000 343,521
2005 392,795
2010 441,650
2014 474,355（147.7%）
0 10 20 30 40 50（萬人）
中部
（年）
1995 92,553
2000 96,804
2005 109,438
2010 120,870
2014 128,383（138.7%）
0 10 20 30 40 50（萬人）
沖繩
（年）
1995 7,283
2000 7,946
2005 9,021
2010 10,156
2014 11,361（156.0%）
0 10 20 30 40 50（萬人）

※（ ）內為 **2014** 年與 **1995** 年相比的增加率。

❶ 各地區死亡人數的推移

死亡人數有著全國性增加的傾向，但各地區的差距很大。與1995年相較之下，2014年的增加率前三名依序為沖繩、關東和北海道。在這20年來，這些地區的死亡人數大約增加為1.5倍。在「村落」和「家庭」連結特別薄弱的首都圈，其死亡人數增加是產生大量孤獨死的原因。

人口結構的一般統計

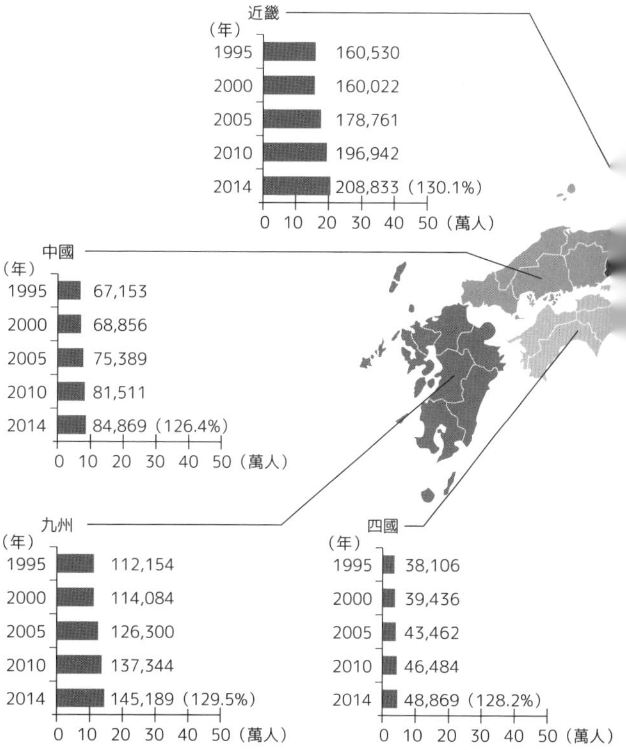

資料出處：由冠婚葬祭綜合研究所根據厚生勞動省《人口動態統計》（2014年調查）製作而成。

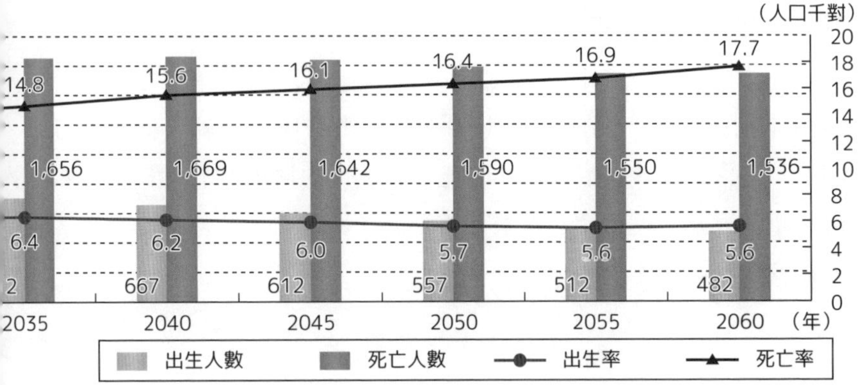

❷ 出生人數與死亡人數的未來估計值

由於高齡人口增加，死亡人數和死亡率也隨著直線上升。2015年的死亡人數為 131 萬人（比前一年增加了 17424 人），到了 2030年則估計會突破 160 萬人。由於出生人數減少，死亡率（每千人當中的死亡人數）也持續增加。

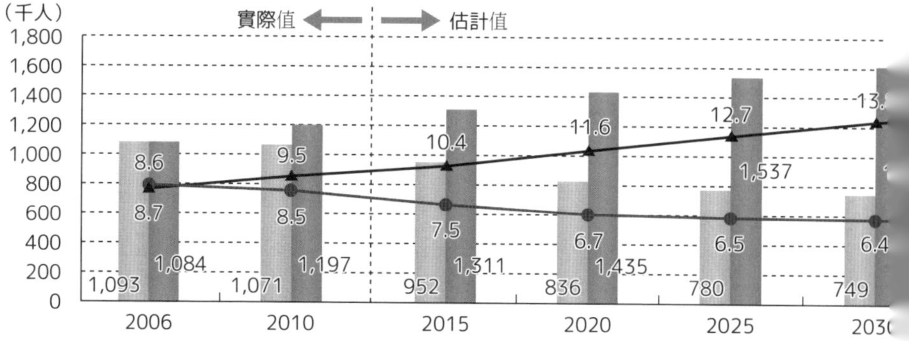

資料出處：2006 年與 2010 年的數據，是根據厚生勞動省《人口動態統計》的出生人數與死亡人數（皆僅限日本人）。2015 年以後的資料，則是根據國立社會保障．人口問題研究所《日本未來的估計人口（平成 24 年 1 月推算）》之假設出生中位與死亡中位推算出來的結果（包括在日本的外國人）。冠婚葬祭綜合研究所。

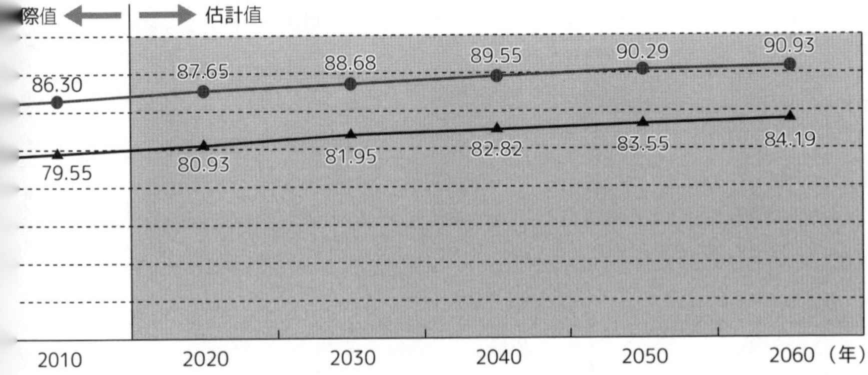

❸ 平均壽命的推移

2010 年（平成 22 年）時，男性的平均壽命為 79.55 歲，女性則為 86.30 歲。然而今後男女的壽命都會延長，到了 2060 年，男性的平均壽命為 84.19 歲，女性則為 90.93 歲。若以 65 歲時的平均餘命來看，2060 年時男性餘命為 22.33 年，女性餘命為 27.72 年，高齡期又變得更長了。

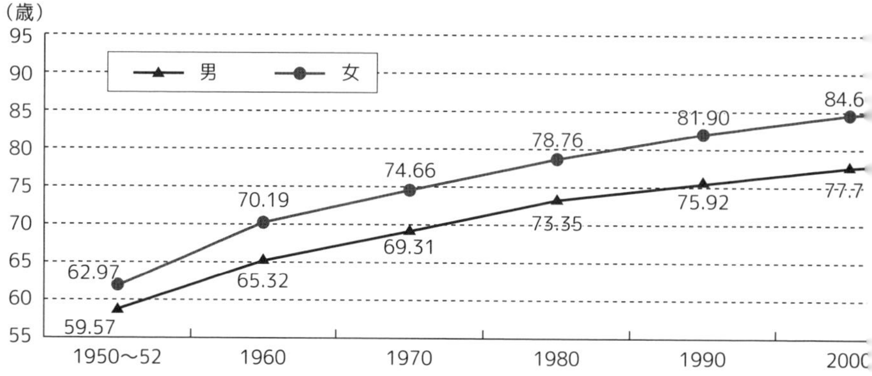

資料出處：1950 年與 2015 年的數據來自厚生勞動省的《簡易生命表》。1960 年至 2000 年數據來自厚生勞動省的《完全生命表》。2020 年以後的資料，則是根據國立社會保障．人口問題研究所《日本未來的估計人口（平成 24 年 1 月推算）》之假設出生中位與死亡中位所推算出來的結果。冠婚葬祭綜合研究所。

註：1970 年以前的數值不含沖繩縣。0 歲的平均餘命是「平均壽命」。

❹ 各死亡場所構成比例的推移

1955 年（昭和 30 年），相較於自宅死的比例為 76.9%，醫院死的比例只有 12.3%。然而以 1977 年（昭和 52 年）為分水嶺，自宅死和醫院死的比例逆轉了。到了 2014 年（平成 26 年），醫院死的比例佔了 75.2%，如果加上在高齡者設施過世的數據，則高達 85%。相較之下，自宅死則只剩 12.8%。

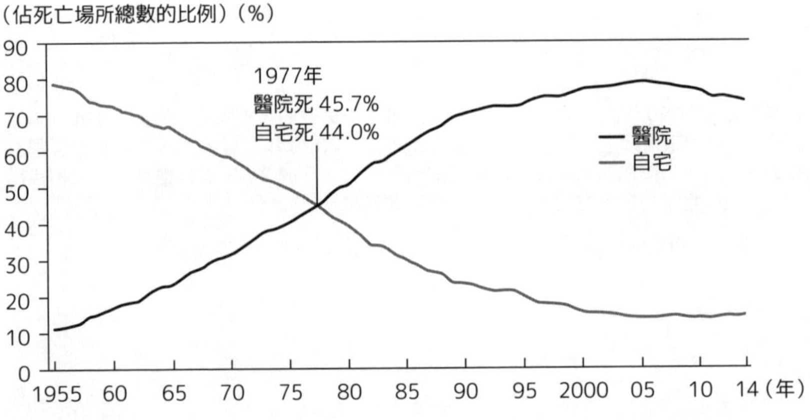

資料出處：冠婚葬祭綜合研究所根據厚生勞動省《人口動態調查》（2014 年調查）製作而成。

❺ 世帶數與單一世帶平均組成人數的推移

直到 2010 年左右，由於人口持續增加與核心家庭化，世帶數有著增加的傾向。在此同時，單一世帶的平均組成人數持續減少。在 1960 年代，1 個世帶平均有將近 4 個人，但到了 1990 年就少於 3 人，至於 2015 年（平成 27 年）則是 2.28 人。「家庭」正逐漸崩壞。

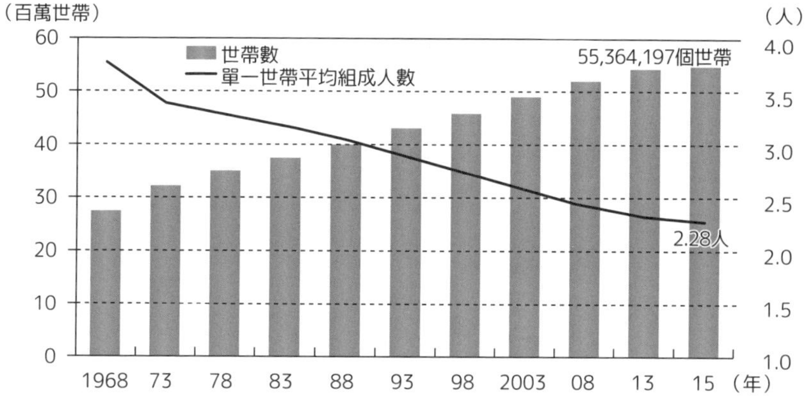

資料出處：冠婚葬祭綜合研究所根據總務省《基於住民基本台帳之人口、人口動態與世帶數》（2015 年調查）製作而成。

❻ 高齡者人口與高齡化比例的推移

1985 年，高齡化比例（65 歲以上人口佔總人口的比例）只有 10.3%，但到了 2015 年卻遽增到 26.8%。高齡化比例最高的縣市是秋田縣（29.6%）。世界衛生組織（WHO）將高齡化比例超過 7%的社會定義為高齡化社會，超過 14%的社會為高齡社會，超過 21%的社會則為超高齡社會。

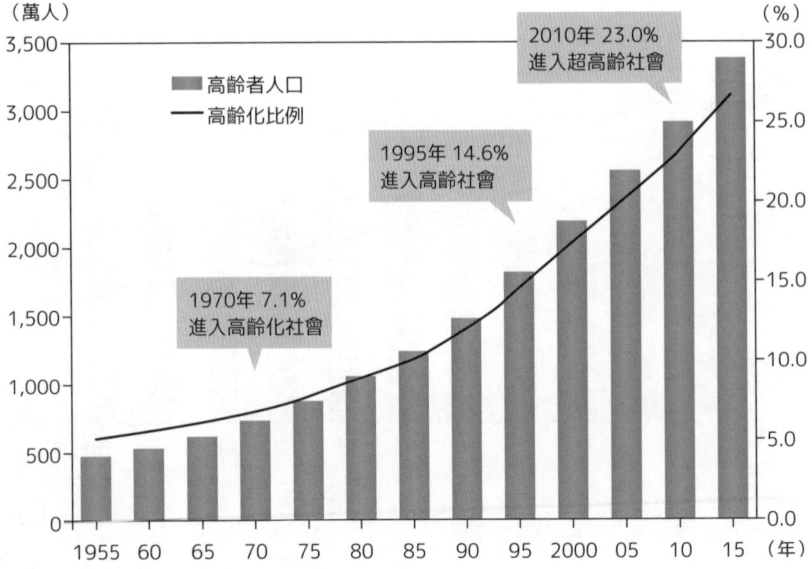

各都道府縣數據（2010 年）

地區	高齡者人口	高齡化比例（%）
北海道	1,358,068	24.7
宮城縣	520,794	22.3
秋田縣	320,450	29.6
埼玉縣	1,464,860	20.4
千葉縣	1,320,120	21.5
東京都	2,642,231	20.4
神奈川縣	1,819,503	20.2
長野縣	569,301	26.5
愛知縣	1,492,085	20.3
京都府	605,709	23.4
大阪府	1,962,748	22.4
兵庫縣	1,281,486	23.1
島根縣	207,398	29.1
高知縣	218,148	28.8
福岡縣	1,123,376	22.3
佐賀縣	208,096	24.6
鹿兒島縣	449,692	26.5
沖繩縣	204,507	17.4

資料出處：冠婚葬祭綜合研究所根據總務省統計局《國勢調查》（2010 年調查）製作而成。

❼ 全國納骨堂數量的推移

大多數納骨堂都由宗教法人經營，數量還有逐年增加的傾向，尤其 2010 年以後增加的比例比先前還高，團塊世代需求增加、墓地不足、無人守墓、都市內無宗教式納骨堂增加都是主要因素。

喪葬的一般統計

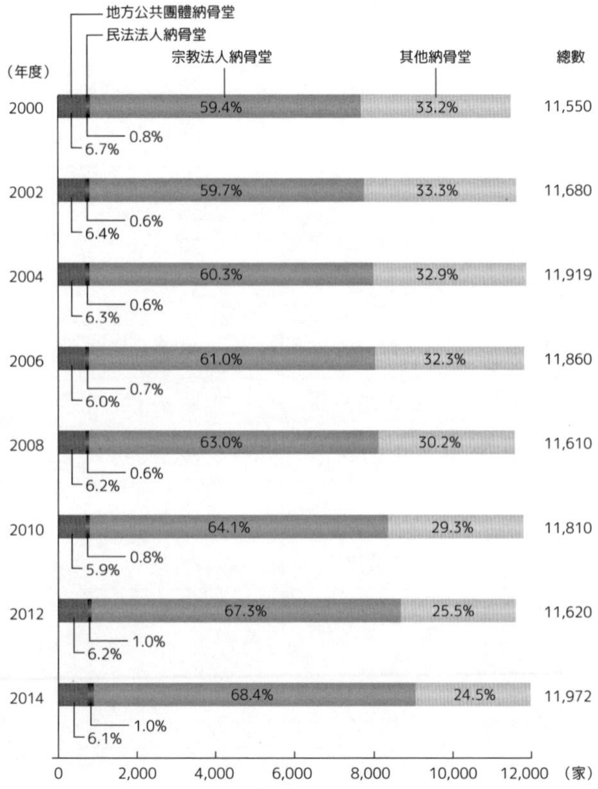

資料出處：冠婚葬祭綜合研究所根據厚生勞動省《衛生行政報告例》（平成 12 ～ 26 年度）製作而成。

註：由於東日本大地震的影響，2010 年的數據不含宮城縣內仙台市以外的市町村，以及在福島縣相双保健福祉事務所管轄內的市町村。

❽ 各都道府縣的火葬場數量（依經營者分類）

在東京都 23 區內，火葬場為民營的比例很高，但其他地區大多數都由地方公共團體負責經營。在數量上，北海道最為突出，岐阜縣、兵庫縣、廣島縣次之。相較之下，鳥取縣和宮崎縣則只有個位數，數量極端地少。也有一部分火葬場是由宗教法人經營。

都道府縣	總數	地方公共團體火葬場	其他火葬場	都道府縣	總數	地方公共團體火葬場	其他火葬場
全國	1,453	1,385	68	三重縣	47	33	14
北海道	164	163	1	滋賀縣	16	16	0
青森縣	37	36	1	京都府	13	13	0
岩手縣	32	31	1	大阪府	51	45	6
宮城縣	24	22	2	兵庫縣	60	57	3
秋田縣	24	24	0	奈良縣	36	27	9
山形縣	24	24	0	和歌山縣	48	45	3
福島縣	24	24	0	鳥取縣	4	4	0
茨城縣	31	31	0	島根縣	27	27	0
栃木縣	13	13	0	岡山縣	28	28	0
群馬縣	20	20	0	廣島縣	57	56	1
埼玉縣	21	20	1	山口縣	34	34	0
千葉縣	27	27	0	德島縣	17	16	1
東京都	26	18	8	香川縣	31	28	3
神奈川縣	20	18	2	愛媛縣	38	36	2
新潟縣	34	34	0	高知縣	12	12	0
富山縣	16	15	1	福岡縣	41	40	1
石川縣	13	12	1	佐賀縣	13	13	0
福井縣	13	13	0	長崎縣	32	32	0
山梨縣	11	11	0	熊本縣	21	21	0
長野縣	26	26	0	大分縣	24	24	0
岐阜縣	71	69	2	宮崎縣	5	5	0
靜岡縣	37	37	0	鹿兒島縣	34	34	0
愛知縣	33	33	0	沖繩縣	23	18	5

資料出處：冠婚葬祭綜合研究所根據厚生勞動省《平成 26 年度衛生行政報告例》（2014 年調查）製作而成。

註：此處數據為「經常使用的火葬場」數量。所謂「經常使用的火葬場」，是指過去一年內曾實際運作的火葬場。「其他火葬場」則是民法法人、宗教法人與其他經常使用的火葬場之合計數量。

❾ 各類宗教的單位宗教法人數量

佛教類宗教團體（主要是寺院）有 77350 家，比超商數量 54157 家（2016 年 6 月）多了 2 萬家以上。神道教的宗教法人（主要是神社）有 85013 家。然而，沒有住持或神主的寺院和神社也很多。沒有住持的寺院數量，有著今後會慢慢增加的傾向。

宗教團體／宗教	單位宗教法人			包括宗教團體（法人）
	被包括宗教法人	單立宗教法人	合計	
神道教	82,972	2,041	85,013	130
佛教	74,674	2,676	77,350	168
基督教	2,838	1,748	4,568	71
其他各宗教	14,187	426	14,613	30
合計	174,671	6,891	181,562	399

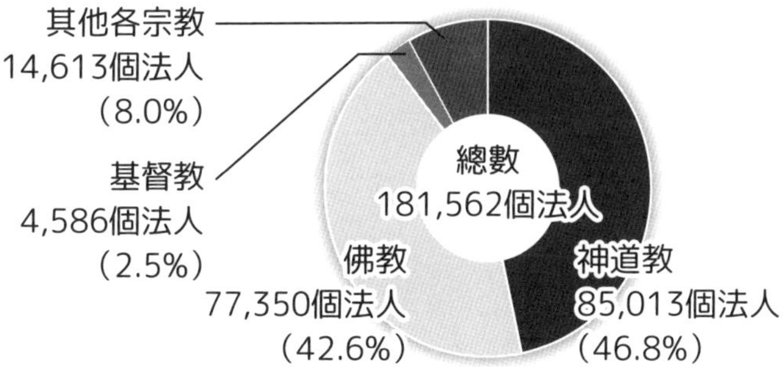

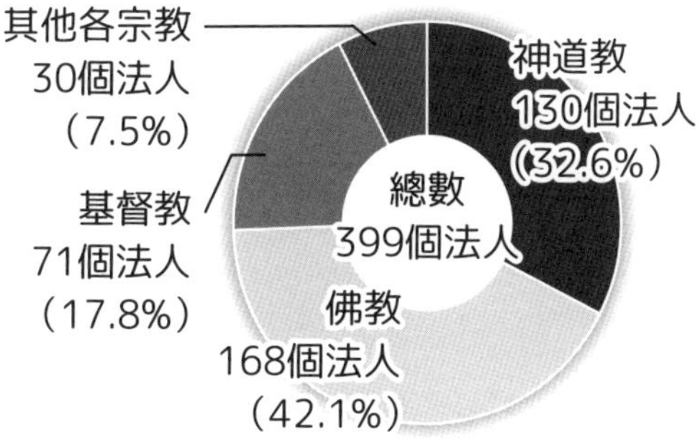

資料出處：冠婚葬祭綜合研究所根據文化廳《宗教年鑑　平成 26 年版》製作而成。

註：在 2013 年 12 月 31 日的現在，宗教法人可分為神社、寺院、教會等備有禮拜設施的「單位宗教法人」，以及宗派、教派、教團等「包括宗教法人」。在單位法人當中，隸屬於包括宗教法人傘下的宗教法人稱為「被包括宗教法人」，不在傘下者則稱為「單立宗教法人」。（根據文化廳網站）

⑩ 佛壇擁有率

雖然進行調查的團體不同，但是從下圖可以看出，佛壇擁有率有逐年減少的傾向。直到戰前為止，幾乎每個家庭都備有佛壇。如今，都市的佛壇擁有率不到 50%。東京都心地區的新建公寓大多都不附佛堂。

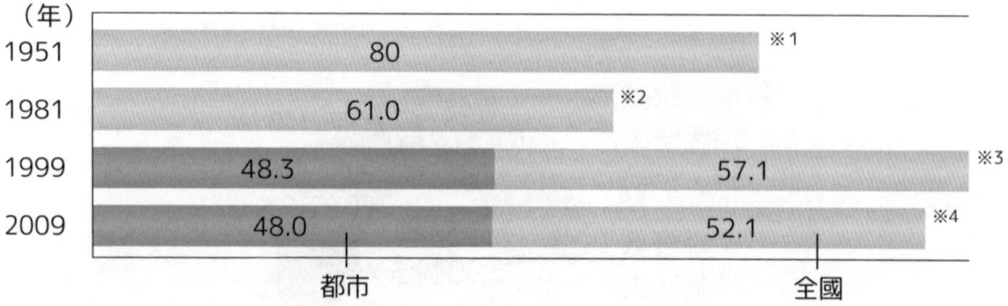

資料提供：石井研士

資料出處：※1：R.P.Dore, City Life in Japan − A Study of a Tokyo Ward, Routledge & Kegan paul, London, 1958（青井和夫、塚本哲人譯《都市的日本人》，岩波書店出版，昭和 37 年）。※2：NHK「日本人的宗教意識調 」，於 1981 年 11 月實施。於全國 300 個地點隨機抽樣，對 3,600 位 16 歲以上的國民進行個人面談，有效回答率為 74.8%。※3：日本人對宗教團體之參與、認知、評價之相關民意調查（代表人：阿部美哉），於 1999 年 11 月實施。在全國 20 歲以上的個人中做分層二段隨機抽樣，對 2,000 人進行個人面談，有效回答率為 67.3%。※4：日本人對宗教團體之參與、認知、評價之相關民意調查，於 2009 年 12 月實施。在全國 20 歲以上的個人中做分層二段隨機抽樣，對 2,000 人進行個人面談，有效回答率為 68.1%。

⓫ 舉行喪禮的地點

直到 1980 年代之前，在自宅或寺院舉行喪禮的比例都還很高，但到了 1990 年代以後，由於全國各地都出現了葬儀會館，在自宅或寺院舉行喪禮的比例就驟減了。現在，在（及預定要在）自宅舉行喪禮的人有 10.2%，想在寺院舉行者僅有 4.8%。直葬在全國所佔的比例為 1.3%，但在都市所佔的比例卻是好幾倍。可以預期今後直葬的比例會繼續增加。

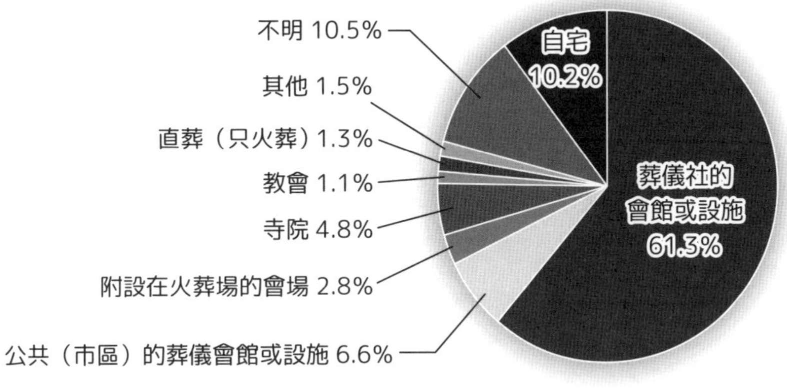

資料出處：冠婚葬祭綜合研究所《藉由服務的高附加價值化改善經營之事例及會員活性化事例之調查研究》（調查委託：瑞穗資訊總研股份有限公司）（2015 年調查）

註：若未舉行喪禮，就徵求假設已舉行的回答。

⑫ 喪禮規模

整體的比例看起來很不集中。可以想見隨著家族葬和直葬增加，今後大規模的喪禮將會更少。在都市和鄉村，喪禮的規模和型態有相當大的差異。在鄉村會由鄰組來舉行喪禮，所以規模很大。但是，鄰組也隨著地方的高齡化現象逐漸失去功能。

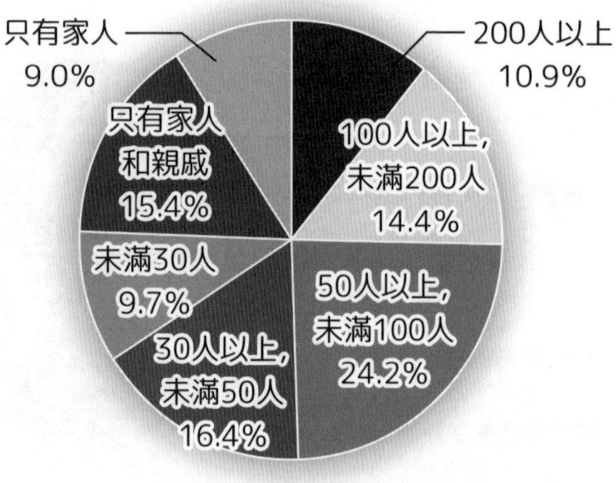

資料出處：冠婚葬祭綜合研究所《藉由服務的高附加價值化改善經營之事例及會員活性化事例之調查研究》（調查委託：瑞穗資訊總研股份有限公司）（2015 年調查）

註：若未舉行喪禮，就徵求假設已舉行的回答。

⑬ 希望自己的喪禮是什麼形式？

大約有六成的人回答「希望不要花錢」，約半數的人回答「希望只有家人送自己走」。相較之下，「希望舉行盛大喪禮」的比例只有 2%。尤其在都市，家族葬（密葬）和直葬正在增加，但除了經濟上的理由之外，數據也反映出往生者「不想給家人添麻煩」的遺願。

與殯葬相關的意識調查（可複數回答）

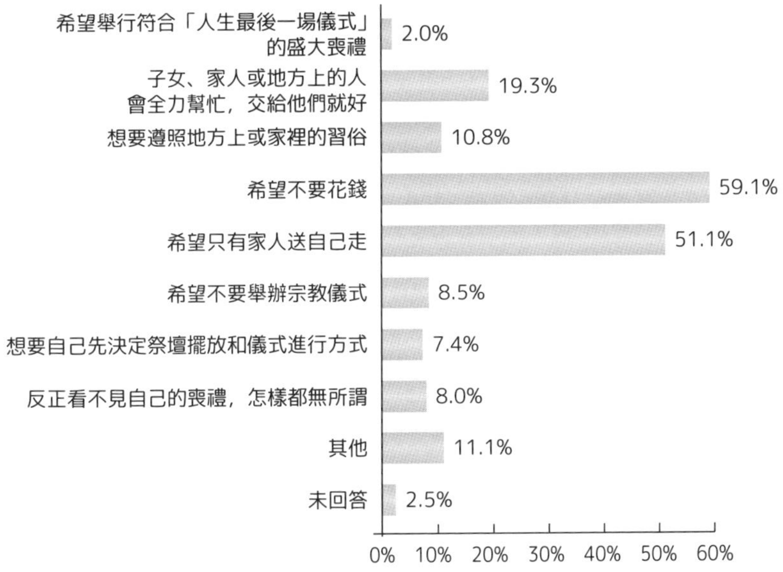

資料出處：一般財團法人日本消費者協會《第 10 回關於喪葬的問卷調查》（2013 年調查）

⑭ 希望自己死在哪裡？

想要迎接臨終的地方（理想）與實際可能迎接臨終的地方（現實）有很大差距。約有半數人「希望死在自宅」，但實際上這是很困難的。隨著年齡層上升，回答「不知道（想死在哪裡）」的比例也減少了，想要迎接臨終的地方變得明確。

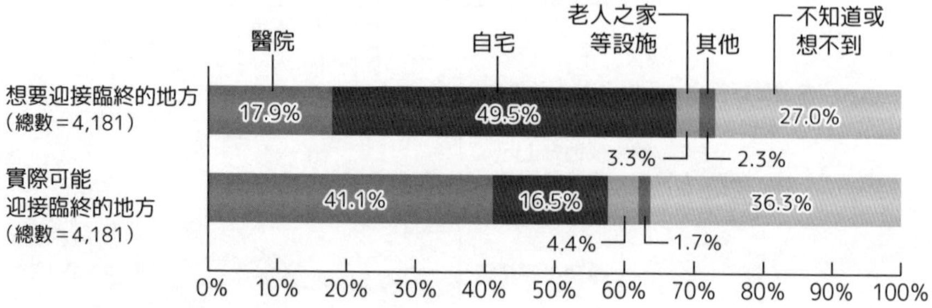

資料出處：冠婚葬祭綜合研究所根據經濟產業省商務資訊政策局服務政策課服務產業室《創造安心且信賴的『Life Ending Stage』普及啟發之相關研究會報告書》（2012 年調查）製作而成。

⓯ 對直葬的看法（可複數回答）

直葬就是不舉行喪禮，只進行火葬。整體上，「遵照往生者的意願」和「未免太沒意思」的比例幾乎勢均力敵。另外在首都圈，「可以的話自己也想直葬」和「不花喪禮費用很好」的比例比全國平均還要高。

地區（人數）/項目	全體（全國）（人數）	比例	關東B（首都圈）
	（1618）	100	（256）
可以的話自己也想直葬	（410）	25.3%	32.0%
未免太沒意思	（625）	38.6	32.4
不花喪禮費用很好	（364）	22.5	28.9
可能會受到親戚指責	（325）	20.1	15.6
未來可能會有麻煩	（120）	7.4	5.9
遵照往生者的意願	（630）	38.9	40.6
其他	（117）	7.2	8.6
未回答	（75）	4.6	3.9

資料出處：一般財團法人日本消費者協會《第 10 回關於喪葬的問卷調查》（2013 年調查）

⑯ 對自然葬的看法（可複數回答）

得出了遵照往生者遺願的結果，這樣的傾向在首都圈更是顯著。整體而言，回答「可以的話自己也想自然葬」的比例只有兩成。也有許多人瞭解散骨在法律上屬於灰色地帶。假如今後法律變得完善，自然葬可能會更加普及。

項目＼地區（人數）	全體（全國）（人數）	全體（全國）比例	關東B（首都圈）
	（1618）	100	（256）
可以的話自己也想自然葬	（325）	20.1%	28.9%
遵照往生者的遺願	（781）	48.3	54.7
如果法律上沒問題，就想自然葬	（338）	20.9	24.6
自己想葬在普通的墓地	（595）	36.8	28.5
把一部分骨灰撒在喜歡的地方也不錯	（256）	15.8	13.3
不知道	（73）	4.5	4.3
其他	（117）	7.2	10.2
未回答	（70）	4.3	3.9

資料出處：一般財團法人日本消費者協會《第 10 回關於喪葬的問卷調查》（2013 年調查）

⑰（自己的喪禮）是否希望盡可能有越多弔唁客，包括同事和地域相關人士？

在團塊世代中，希望盡可能有許多人來參加自己喪禮的人只佔了6.8%。希望派在比團塊世代年長的70歲以上族群中佔了9.5%，在比團塊世代年輕的後團塊世代中佔了14%。從這些數據中，可看出團塊世代「想要小而美喪禮」的傾向更強了。

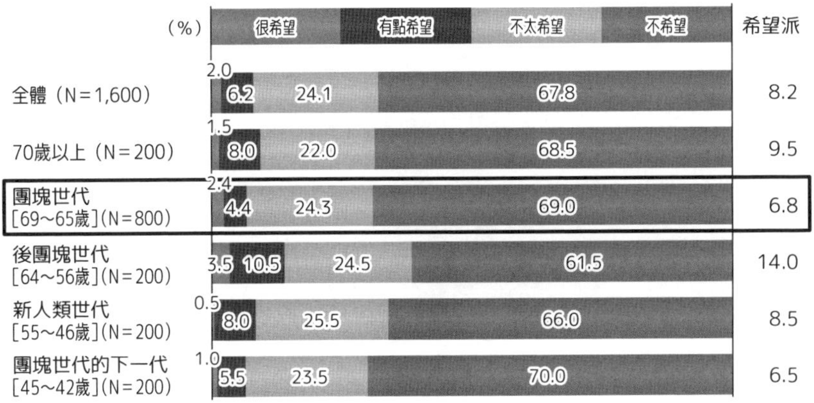

資料出處：冠婚葬祭綜合研究所《與殯葬相關的意識調查（以團塊世代為中心）調查結果報告書》（2016年調查）

⓲（自己的喪禮）是否認同只有親朋好友參與的「家族葬」？

如今，家族葬以都市為中心，有著增加的傾向。團塊世代對家族葬的認同派佔了85.9%。隨著年齡層上升，認同家族葬的比例也有著升高的傾向。另一方面，團塊世代的下一代顯示出78%的最低數據。不過，整體來說認同家族葬的比例很高，可以看出整個社會的喪禮都正在簡化。

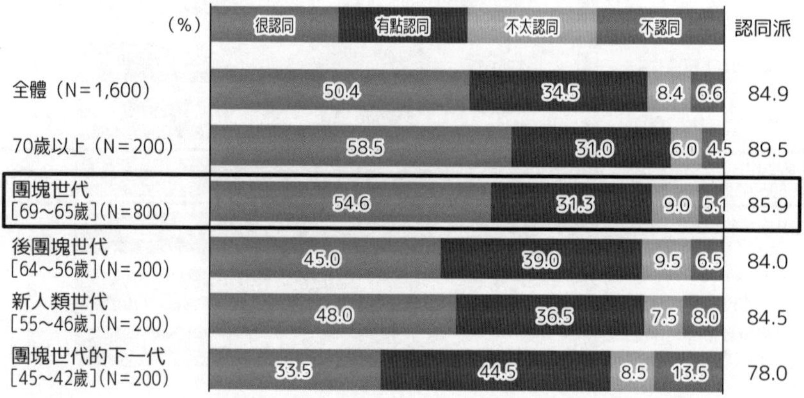

資料出處：冠婚葬祭綜合研究所《與殯葬相關的意識調查（以團塊世代為中心）調查結果報告書》（2016年調查）

⑲（自己的葬禮）是否希望散骨？

越是年輕的世代，希望散骨的人數就越有增加的傾向。70 歲以上族群中的希望派只佔了 22.5%，團塊世代則是 28.1%。以居住地區來說，除了首都圈以外的關東地區，以及沒有墓地（尚未討論墓地）的階層，肯定散骨的比例佔了四成以上之高。

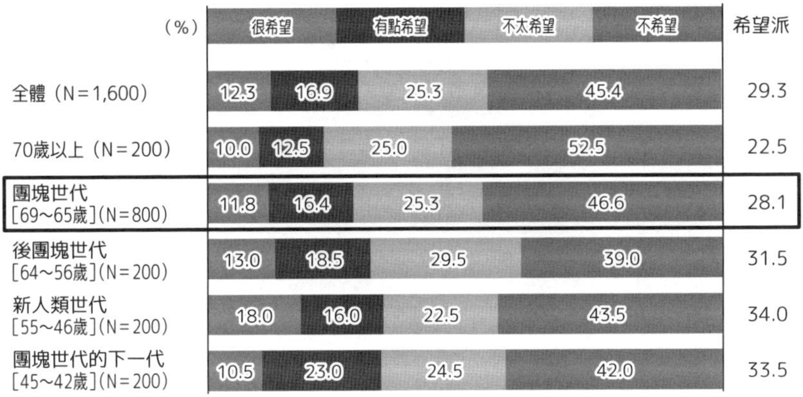

資料出處：冠婚葬祭綜合研究所《與殯葬相關的意識調查（以團塊世代為中心）調查結果報告書》（2016 年調查）

⑳（自己的葬禮）是否希望選擇直葬？

在團塊世代中，本身願意接受直葬的人佔了 53%，與全體平均同水準。新人類世代的數值最高，為 62%，接著是團塊世代下一代的 56%。以居住地區來說，除了首都圈之外的關東地區，以及獨居階層願意接受直葬的比例高達六成以上。

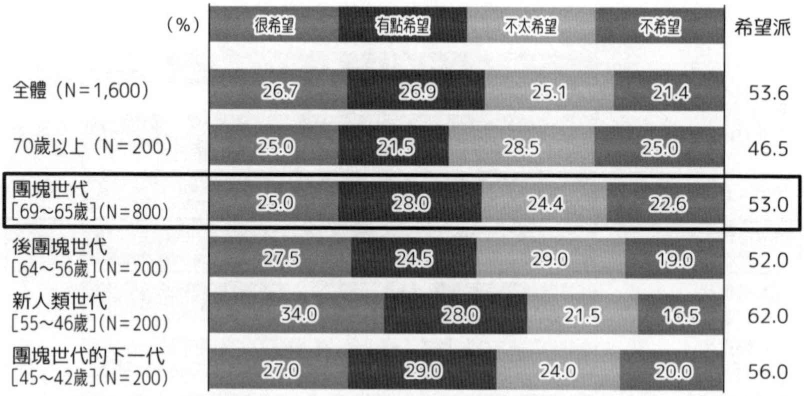

資料出處：冠婚葬祭綜合研究所《與殯葬相關的意識調查（以團塊世代為中心）調查結果報告書》（2016 年調查）

㉑ 是否認為守墓是子孫的義務？

與70歲以上族群相較之下，團塊世代的認同派少了將近10%。相反地，團塊世代的下一代有60.5%回答「是子孫的義務」。以居住地區來說，四國、中國和東北地區民眾認為「是子孫義務」的意識高漲。在與孫子同住的階層中，「是子孫義務」的意識特別高。

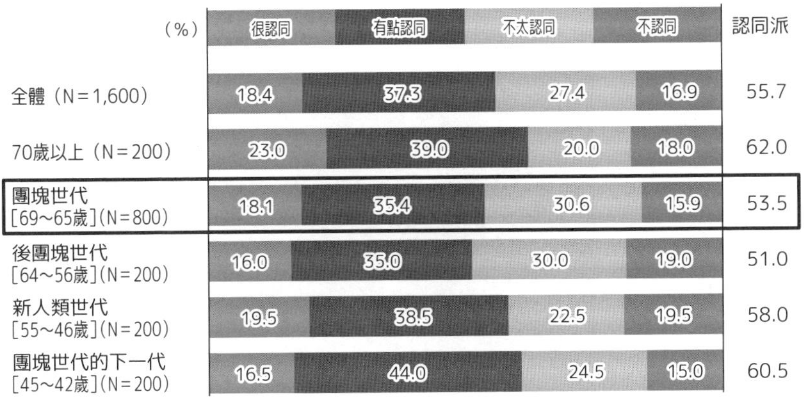

資料出處：冠婚葬祭綜合研究所《與殯葬相關的意識調查（以團塊世代為中心）調查結果報告書》（2016年調查）

㉒ 是否希望選擇提供永代供養且不花太多費用的永代供養墓（納骨堂等等）？

在團塊世代中，想選擇永代供養墓的人有 62.9%。在各個世代，肯定永代供養墓的傾向都很強。以居住地區來說，在甲信越地區，以及和與孫子同住的階層中，想選擇永代供養墓的比例較低。沒有墓地的階層肯定永代供養墓的比例很高（80.3%）。

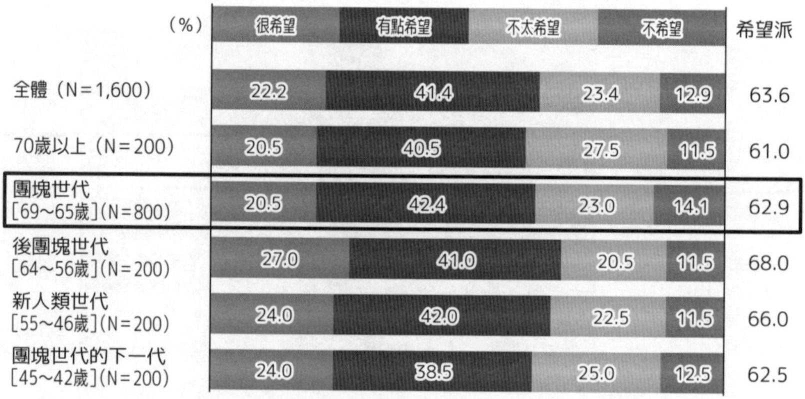

資料出處：冠婚葬祭綜合研究所《與殯葬相關的意識調查（以團塊世代為中心）調查結果報告書》（2016 年調查）

㉓ 你是否擁有預定要納入的墓？

團塊世代擁有墓地的情況為，擁有「一族墓」的人佔了48.9%，擁有「自己或配偶取得的墓（家墓）」的人佔了21.1%，墓的擁有率高達70%，比任何世代的比例都還要高。至於團塊世代的下一代，擁有墓的比例就下降到53.5%。

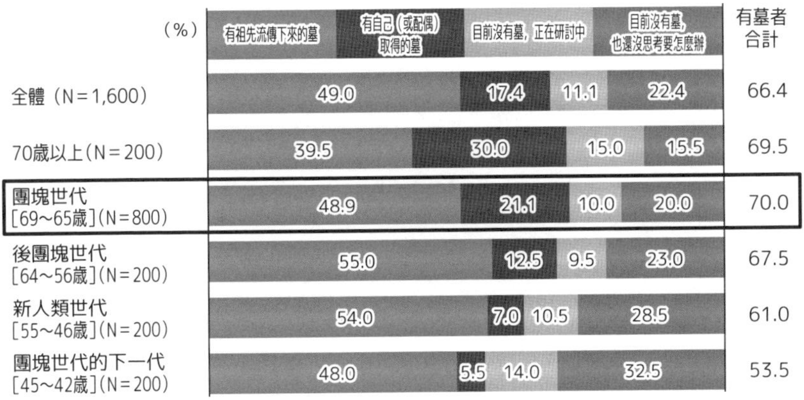

資料出處：冠婚葬祭綜合研究所《與殯葬相關的意識調查（以團塊世代為中心）調查結果報告書》（2016年調查）

參考文獻

《大須觀音　如今開放的奇蹟文庫》（二〇一二年）（暫譯，大須観音―いま開かれる、奇跡の文庫）／阿部泰郎等人著／大須觀音寶生院出版

《日本的大須　現今與往昔》（一九三八年）（暫譯，日本の大須　今と昔）／大大須振興會著

《名古屋大須物語》（二〇一〇年）（暫譯，名古屋大須ものがたり）／澤井鈴一著／堀川文化探索隊出版

《弔唁的建築：作為最終空間的火葬場》（暫譯，弔ふ建築　終の空間としての火葬場）（二〇〇九年）／日本建築學會著／鹿島出版會

《火葬後撿骨的東與西》（二〇〇七年）（暫譯，火葬後拾骨の東と西）／日本葬送文化學會著／日本經濟評論社出版

《地球寂靜：志工將改變未來，NGO將改變世界》（二〇〇三年）（暫譯，地球寂静　ボランティアが未来を変える　NGOは世界を変える）／有馬實成著／academia出版會出版

《寺院消滅：失落的「地方」與「宗教」》（二〇一五年）（暫譯，寺院消滅――失われる「地方」と「宗教」）／鵜飼秀德著／日經BP社出版

《祖先之事》（一九四六年）（暫譯，先祖の話）／柳田國男著／角川Sophia文庫出版

《報導　佛教對抗貧困與自殺》（二〇一一年）（暫譯，ルポ 仏教、貧困・自殺に挑む）／磯村健太郎著／岩波書店出版

《一心寺　風雲備忘錄》（一九八二年）（暫譯，一心寺　風雲覚え書き）／一心寺、高口恭行著／清文堂出版

《Data Book　現代日本人的宗教　增補改訂版》（二〇〇七年）（暫譯，データブック現代日本人の宗教　増補改訂版）／石井研士著／新曜社出版

《每個人的墓——生者之墓「安穩廟」》（二〇〇〇年）（暫譯，ひとりひとりの墓—生者の墓「安穏廟」）／小川英爾著／大東出版社

《Shanti二八四號　和平與圖書館》（二〇一六年）（暫譯，Shanti二八四号　平和と図書館）／公益社團法人Shanti國際志工會著

《Shanti二八六號　阿富汗的現在》（二〇一六年）（暫譯，Shanti二八六号　アフガニスタンは今）／公益社團法人Shanti國際志工會著

《追問宗教的社會貢獻　來自無家可歸者的援助現場》（二〇一五年）（暫譯，宗教の社会貢献を問い直す　ホームレス支援の現場から）／白波瀬達也著／nakanishiya出版

《由離島出發　為了殘存下去的十個戰略》（二〇〇七年）（暫譯，離島発　生き残るための10の戦略）／山內道雄著／NHK出版

《墓的教科書》（二〇一四年）（暫譯，お墓の教科書）／一般社團法人日本石材產業協會著

頑智 2

無葬社會

作　　者　鵜飼 秀德 Hidenori Ukai
翻　　譯　伊之文
總 編 輯　張云喬
編　　輯　蕭舒婷
通路經理　吳文浩
行銷企劃　何慶輝
美術設計　亞樂設計有限公司
出　　版　帕斯頓數位多媒體有限公司
律　　師　連世昌律師
電子信箱　pestle.lionlike@gmail.com
地　　址　11669 台北市文山區景後街 95 號 8 樓之 7
電　　話　（02）29308032
傳　　真　（02）29308032
製版印刷　皇甫彩藝印刷股份有限公司
版　　次　2018 年 4 月初版一刷
總 經 銷　聯合發行股份有限公司
地　　址　231 新北市新店區寶橋路 235 巷 6 弄 6 號 2 樓
電　　話　02-2917-8022
傳　　真　02-2915-7212
定　　價　新台幣 NT$400 元 / 港幣 HK$125
歡迎團體訂購，另有優惠，請洽讀者服務專線（02）2930-8032
Printed in Taiwan

CIP

無葬社會 / 鵜飼秀德著；伊之文譯 . -- 初版 . -- 臺北市：帕斯頓數位多媒體，2018.04
面；　公分 . --（頑智；2）
譯自：無葬社会一彷徨う遺体　変わる仏教
ISBN 978-986-95829-1-9（平裝）
1. 喪葬習俗 2. 日本

538.6831　　107002655

無葬社會

彷徨う遺体　変わる仏教